SEMBRADORES

SEMBRADORES
RICARDO FLORES MAGON Y EL PARTIDO LIBERAL MEXICANO: A EULOGY AND CRITIQUE

BY JUAN GOMEZ-QUIÑONES

MONOGRAPH NO. 5
AZTLAN PUBLICATIONS
CHICANO STUDIES CENTER
UNIVERSITY OF CALIFORNIA, LOS ANGELES

Para Nicolás Bernal,
Ethel Duffy Turner,
"Tio" Anselmo Figueroa,
Jesús Rangel, Fernando Palomares
Y María Talavera
on the hundredth anniversary

I thank the following for reading and criticizing the manuscript: Carlos Blanco Aguinaga, Carlos Vásquez, Carlos Muñoz, Vivian Marrone, Emilio Zamora, Alberto Camarillo, the editors of Aztlán and particularly Karen S. Gómez. For helping me clarify my ideas on Anarchism, I am indebted to conversations with Professor Blanco, and for sharpening my sensitivity and knowledge on this period of Chicano history, I owe much to Dr. Américo Paredes, foremost scholar. The insights I owe to my compañeros; the faults are mine.

TABLE OF CONTENTS

Ricardo and Enrique Flores Magón in Los Angeles County Jail.

I.
Heritage and Context

For everything
that lives
is holy
life delights
in life.
Blake

Nineteen hundred seventy-three is the hundredth anniversary of the birth of Ricardo Flores Magón, (1873–1922).[1] Like Blake, Flores Magón delighted in life. Unlike Camus, he did not have to freeze to learn that the length of summer depends on the man; you light your own fire. Flores Magón is relevant to the contemporary generation of Chicanos and Mexicanos. This essay, a long standing debt, narrates and analyzes the ideas, as well as the political successes and failures of Flores Magón and the Partido Liberal Mexicano (PLM). It is a contribution to the intellectual and political history of the Chicano; social and economic aspects are not dealt with at length. Because so much of the material is filtered through a biographical lens, there is more of a focus on the man than on the group, as would be preferred. However, they were integral. There is also greater attention given to the Southwest than to Mexican activities. First the essay discusses the significance of Flores Magón and the Partido. This is followed by brief comments on anarchism as a tendency, ideology and movement. Thereafter the main body of the essay is devoted to the intellectual evolution and political efforts of Ricardo Flores Magón and the PLM.

Flores Magón and the PLM, often dismissed as illusionary and impractical thinkers, were a reflection of their era and were certainly major contributors as ideologues and organizers to the intellectual climate and political process of the Chicano community and México. Through PLM activity Chicanos contributed to the Mexican Revolution and concurrently participated in the radical movement in the United States. Through PLM propaganda Chicanos were provided with a relatively modern revolutionary ideology and a radical,critique of liberalism. Flores Magón was not an original theorist. He was an ideologue, a polemicist committed to action, and an organizer. Paradoxically, Flores Magón contributed to populist nationalism and its transcendence.

Flores Magón was important for the development of nationalism for several reasons. He was a major influence in politically radicalizing the Mexican people during the years 1900–1911.[2] His contributions to the nationalist process were political ideals and organizational activity: "ese amor sacrosanto de la patria es y ha sido el movil de todos nuestros actos."[3] He stressed that sovereignty resided in the people and that there was nothing above it. In the years before 1908 he advocated that government, the state, must reflect the will of the people or it is illegitimate. His sense of national community was

1

all inclusive. His nationalism came to mean the advocation of revolution. Manuel González Ramírez has rightfully hailed Flores Magón as "ideólogo del nacionalismo mexicano."[1] Gonzalo Aguirre Beltrán has singled out his major historical importance:

> Con Marx, Bakunin, Blanqui, Mazzini y otros rebeldes
> [Flores Magón] pasó a formar parte de ese grupo singular
> de precursores de las grandes revoluciones de nuestra
> época.[5]

PLM were positive factors in the nationalist movement from 1900 to 1911, but abandoned it ideologically and politically thereafter. Perhaps this was a factor in their decreasing influence. In making this break, however, they were among the first to transcend nationalism. Adapting anarchism was an expansion of Flores Magón's concern for México and things Mexican.

Flores Magón lived eighteen years in the United States during a particular phase of United States history, a fact that ideologically and politically had a major, if not decisive, effect on his personal development.[6] As the reality around him affected him, he and the Partido Liberal Mexicano had impact upon the Chicano community. PLM propagandized, recruited, and organized among Chicanos and from within the Chicano community.[7] Their activities stretched across all the Southwestern states from Tejas to California.

At a time of economic discontent, political frustration and ideological alienation for many Mexican migrants and Chicano natives, PLM appealed in three ways. It rejected the present order and offered a different and better world as a hope and possibility. Secondly, it supplied a coherent set of secular beliefs and values for denying the legitimacy of the existing order and morally justifying its overthrow. Thirdly, PLM clarified, relatively, the means for achieving the overthrow: propaganda plus organization culminating in overt violence against the state; and, though somewhat vaguely, PLM put forth a proposition for administering the new order: fraternal communal cooperation. To peoples from Nuevo México and South Tejas overt armed violence was hardly a revelation made possible only through elite intellectuals; and to them, local autonomy, self governing institutions for order, labor, education, etc., premised on moral sanctions and cooperation did not raise the spectre of chaos as for the middle class urban bureaucrat. Indeed they were realities once practiced and destroyed by outside forces. One can speculate whether Chicanos and Mexicanos interpreted the PLM appeals differently. In any case there were cross currents within the PLM: Chicano reformism vs. Mexican revolutionarism and Chicano irredentist aspirations vs. México oriented reformers. After 1910 the original PLM coalition broke and a new one purposely international was attempted.

PLM offered no prescription or vision if the struggle turned protracted. In politics they had only two recourses, hide or arm; thus in both México and the United States the political state authority mobilized effectively and freely against them. PLM was not a fully developed revolutionary party or revolutionary union as in its last stage it aspired to be; it did not have a stable mass membership or a fully developed set of tactics. However, PLM contributed to the struggle of Chicano industrial and agricultural unionism. PLM *did* have a revolutionary ideology and it was a proto organization of revolutionary organizers. Significantly, PLM had a clearer notion of the class struggle than was to be common among following generations. Perhaps the major error of PLM was the failure to seize the Chicano labor-community framework, the natural base of its successful organizing, structure it and expand it and orient it to the problems of the Southwestern communities. PLM's eventual isolation and political bankruptcy cannot be pegged merely on the sometimes self-serving excuses of oppression by the opposition or too radical goals. Though there were mitigating factors in the socio-economic political reality of the times, PLM bears the major responsibility for its own failure. The impact of PLM was stamped by the ideas and practices of the most radical ideology of the period, Anarchism.

Fear of freedom, perhaps, has resulted in the stigmatizing of Anarchism as irrational. More justly it can be said that Anarchism, the Idea, in its utopian aspirations and its moral and philosophical premises, is the most logical of ideologies.[8] Anarchism, in definition, is as elusive as it is attractive.[9] In this vein, George Woodcock has generously described it as

> . . . concerned mainly with man in his relation to society.
> Its ultimate aim is always social change; its present attitude is always one of social condemnation even though
> it may proceed from an individualist view of man's nature;
> its method is always that of social rebellion, violent or
> otherwise.[10]

Anarchism rejects in principle coercion, and usually in practice any coercive instrument. Popularly, Anarchism is viewed as wholly chaotic and destructive. It and its appeal cannot be understood from this point of view. Destruction and nihilism are not integral to Anarchism though some anarchists have given tactical prominence to the former as indispensable in initiating the creation of a new society. In fact, Anarchism pins its realization on man's creative capacity.[11]

Anarchism as an attitude and a style is uncompromising individualism and permanent opposition to the way things *are*. It is a moral indictment of society rather than an analytical conceptual framework. Thus, anarchists are uncompromising judges. Rather than organizers that objectively manipulate contradictions, they have been propagandists that morally reproach society. Freedom, spontaneity and negation of leadership have been their attitudinal lodestones. Anarchists see highly structured organization and authority as counter-revolutionary, reject reform, and call for direct action, now. In any assembly they adopt the "heroic stance" of the most extreme measure. This destructive individualism leads to the suspicion that the anarchist is not so much interested in a short cut to revolution as in gaining martyrdom. Yet anarchists affirm in their principles, and often in their individual lives, a central humanist aspect of Revolution—free men and women devoted to making Art out of life.

Anarchism is not merely a tendency or an attitude. It is an ideology, a doctrine, which at one time was concurrent with a historical political movement. Theoretically it is a critique of modern society with special emphasis on political domination, social inequality and economic exploitation. Anarchists believed in abolishment of capital, of the state and of all dominating, exploitive institutions and relations. They envisioned a society of free human beings, working creatively, either individually or collectively, to produce for the common needs in free association, living according to the noblest ethics of love, harmony and peace. Anarchists adamantly believed in universal brotherhood, the dignity of labor, education and science, and sought to amalgamate positivism, nationalism and secularism. The anarchist dream is not a rigid utopia, for any rigid construct would be seen as counter to anarchist ideals and their concept of a constantly changing nature.

Its principal theoretical limitation is its marked primitive philosophical negation: revolution *is* what society is not. Accordingly, its principal tactical deficiency is its lack of, in fact its disdain for transitional methods. Anarchists were committed to the overthrow of capitalist society in order to secure a just social order. They scorned

4

the slavery of money and wages. Revolution was primarily a matter of violence more powerful than that mustered by the state and was to be carried out principally by the dispossessed. Making Revolution was essentially a task of propaganda and direct action. At all times the revolutionary sections were to be leery of the undermining tactics of the reactionaries and of any counter-revolutionary tendencies within the ranks.

Nonetheless, Anarchism is not wholly progressive, for there are elements of revivalism and of millenarianism in it—a desire to return to an idealized past, a turning away from modern complexity to pre-industrial simplicity. Thus, though usually philosophical materialists, anarchists, often in frustration, turned to mystic visions. Unlike Marxism and populist Socialism, Anarchism has not been theoretically enriched over time.

In tactics, organization and recruitment there were some distinguishing characteristics of Anarchism. However, their uniqueness was not in their exclusive practice, but in their exclusive reliance. Immediate power was to be taken at the level of specific oppression, the work place, the neighborhood, the city. Overt action was to be constant. Work was carried out individually, or through grupos de afinidad and sociedades de resistencia, preferably in labor unions or in the community at large. Cooperation between groups was, at best, through loose confederations established at unruly large conferences where vague general strategy and tactics were hammered out. Besides direct political work, importance was given to ateneos, the establishment of reading rooms, and publications. Integral political participation was rejected, even the act of voting was seen as a betrayal or compromise with the oppressive system. Anarchists denied political action qua politics and rejected political deployment which Marxists hold as crucial. Covert activity directed against the state was emphasized, except by the pacifist or literary anarchists. A flamboyant tactic particularly associated with anarchists was the general strike.

Some anarchists put their ideas into practice by forming integrated communes of men, women and children where property, consumption, production and culture were communal. Decisions were made in common and work assignments were rotated and equally distributed, including taking care of the children who, as soon as possible, would live in common with their peers and make their own decisions pertinent to their activities. At the turn of the century anarchists held the most progressive views on women-men relations.

Anarchist recruits were heavily drawn from social elements out of step with a changing society, particularly those in transition from agrarian to semi-industrial production—social outlaws, the misfits, the declasse petite-bourgeoisie, los destripados. This element Marxists identify as potentially counter-revolutionary.

Because of its premises and its eclectic development, Anarchism is difficult to define conceptually. These traits have also resulted in a multitude of interpretations in seeking to realize the anarchist utopia which in turn have led to tactical and organizational differences. Among the principal variances are: Anarco-pacifism, which upholds the creation of viable autonomous model communities and peaceful resistance; Anarco-individualism, which endorses socio-political insurgent self-assertion; Anarco-mutualism, which advocates a federation of communities based on individual-small group cooperative production, and labor and mutual exchange; Anarco-collectivism, which stresses voluntary institutions and individual disposition of labor and product; Anarco-syndicalism, which stresses working through unions, taking power by a general strike, and which sees the utopic society organized along trade union lines; Anarco-communism, which adheres to free communal associations, rejects wages, and believes in armed force and in sharing according to need from communal distribution centers. These differences are chiefly concerned with tactics and pre- and post-revolution organization. The differences, though seemingly fine, caused major sectarian conflicts.

The major variances of Anarchism crystallized as a result of experience and were elaborated on by theorists. Though the anarchist tendencies and intimations of the Idea can be traced far into the history of man, William Godwin, an Englishman, was among the first to elaborate on a secular utopia in his treatise *Political Justice.*[12] Departing from a condemnation of the evils of government, he posed the argument that since man is naturally good, by abolishing the state and injustice, man can build on rational premises a society that is just and cooperative. In his books *On Justice in Revolution and in the Church, What Is Property?* and *On the Celebration of Sunday,* Pierre-Joseph Proudhon, a French writer, further affirmed a belief in man's rational capacity but saw an individualist freedom rather than a communal one, which would make possible a deeper spiritualization of life.[13] He rejected government and non-working proprietors, and argued for economic equality and free association among autonomous individuals. The Russian, Peter Kropotkin, added greatly to the tactical and scientific foundations of the theory.[14] As a scientist and through his gentle work, *Mutual Aid,* he empirically set the hypotheses of life as cooperation and mutual aid in nature against the Darwinian thesis of life as a violent struggle. Also a militant journalist and agitator, Kropotkin wedded his notions on nature to justify violence. In *The Conquest of Bread, Fields, Factories and Workshops* and *Ethics,* he added to the heritage of Anarchism by developing it as a moral philosophy. Michael Bakunin, another Russian, gave Anarchism a style, a polemical edge, and a set of tactics.[15] In his life and writings *(Reaction in Germany, Appeal to the Slavs,* and *Revolutionary Catechism),* he argued for and exemplified the romantic, perpetual revolutionary, committed to direct violence. From the writings of Leo Tolstoy, pacifist anarchists have drawn ideas and inspiration.[16] Francisco Ferrer, a Spanish anarchist executed for conspiracy, developed anarchist educational ideas and methods.

In the mid-nineteenth century Anarchism developed in México concurrently with Europe and partially through Spanish influences.[17] Economic chaos, the nascent factories and political dissatisfaction contributed to this development. Early Mexican anarchists moved quickly from mutualism to Anarco-communism. They counted amongst their number dedicated men and several outstanding women leaders. They published and were crucial in establishing the Gran Círculo de Obreros in 1870, and they organized sporadic uprisings during 1867–1882. In 1876 the Congreso Nacional de Obreros Mexicanos was organized partially through their efforts and in 1880 the Congress affiliated with the Anarchist International. Mexican anarchists were represented at the Saint-Imier International Congress of 1877. At the Black International Congress of London of 1881, the Mexican anarchist delegate was Dr. Eduardo Nathan-Ganz. He, more practical minded than most of the Europeans, continuously urged from the floor that anarchists should train themselves in "chemistry" and should establish military schools in order to learn tactics. Given the anarchist record, these were rather apropos suggestions. By the 1880's the early Mexican anarchist movement was moribund. Significantly, Flores Magón and others had no direct contact with the preceding generation. There was no transference of experience, much less critical reflection; PLM started from scratch.

Internationally, the historical anarchist movement spanned from the 1840's when Proudhonian ideas began to be advocated until 1939

7

when the Spanish Republic was overthrown and the Spanish anarchist sectors defeated. PLM was part of this larger world-wide movement. During this period anarchist propaganda and conspiratorial and armed efforts occurred in the Américas, Asia and Europe. Particularly outstanding were those in México, Argentina, Uruguay, Spain, France, Italy, and Russia, though anarchist groups appeared in many other nations as well. Major efforts at revolutionary coordination were attempted at international gatherings such as The First International (1864), the Hague Congress (1872), the Black International Congress (1881), the London Socialist Congress (1896), the Amsterdam Congress (1907), and the Berlin Congress (1922). Though not all were exclusively anarchist gatherings, they signaled shifts in the emphasis on theory and tactics among anarchists. Without organization or developed theory the anarchists were not able to hold their own against the opportunist populism of the pseudo-socialists or the disciplined militancy of the Communist Party.

At its various peaks the Idea numbered its adherents in the thousands spread around the world. With the passing of time the movement receded to small unrepentent hard cores of surviving militants, often hermitic, and usually devoted to periodically reissuing hallowed tracts and commemorating historical events and figures. Other survivors repented, made their truce, and adopted a diluted Anarco-liberalism. Nonetheless, it was through the old veterans, as well as re-discovery, that many of the young dissidents in the sixties and seventies became aware of the Idea. The ideals of Anarchism are integral to libertarian men and women; they are perennial in beauty.

In sum, the anarchist historical movement was a jigsaw of failure and success. Anarchism was most successful subjectively, in ideals, criticism and heroism. Anarchists demonstrated in some instances, under favorable circumstances, by living example, that their moral values and socio-economic methods could be implemented. More importantly, the anarchist ideals remain as a standard by which to judge, internally, liberation movements and their values.

Anarchism's failure is objective and clear; it is theoretically poor and tactically bankrupt. Its record of revolutionary-organizational failures is matched only by Trotskyites. Only the Mexican and Spanish anarchists were able to transform its attitude of dissent and its actions of rebellion into sustained efforts at Revolution.[18] At its worst it is a petite-bourgeoisie phenomena that caters to the anti-social proclivities of certain elements parasitic to the productive class, and it invigorates revivalist myths of the dispossessed. Thus it abets counter-revolutionary tendencies and actions. The Idea has been used as a rationale for willful egotism, which results in anti-revolution. Anarchism was characterized by an inability to maintain stable organizations and coordinate sustained action. Anarchist simplistic political and economic proposals negated the imperative demand for careful planning and phased implementation in Revolution. Their Ideal was not impractical, it was their methods and analyses that were. They lacked comprehension of the growing complexity of social and productive organization. This lack led to mistrust of their abilities and intentions by the people who were invariably more practical minded than romantic revolutionaries. Despite their seductive humanism and hyper-militant aura, anarchist organizational premises were sure guarantees for failure. This failure meant continued oppression.

The Mexicano-Chicano historical case differs from the negative evaluation generally applicable to Anarchism in certain aspects. PLM emphasized the sovereignty of the people as opposed to that of the person, which is generally common in anarchist writings. Although the general observation that Anarchism developed in traditional agrarian societies undergoing the impact of modernization holds for the Southwest and México, the observation pertaining to participatory elements does not. PLM, as best as evidence allows, combined intellectuals and quasi-industrial urban elements as well as some artisans, and to a lesser degree involved campesinos. In México and the Southwest, despite its agrarian myths and emphasis, its appeal was to modern elements and not to the social elements that were being superseded. In contrast to episodic anarchist efforts in other countries, PLM, despite obstacles, sustained revolutionary efforts and contributed to initiating a Revolution. Like other anarchists, the members of El Partido Liberal Mexicano deeded a heritage of love, self-sacrifice, ideals, and organizational modes from which to draw critically. Here is their story.

Semanal Revolucionario.

LOS ANGELES, CAL., SABADO 30 DE OCTUBRE DE 1915.

El Militarismo Prepotente.

II.
The
Education
of an
Organizer

El Militarismo Prepotente, anti-war, anti-militarism, graphic, *Regeneración*, 30 de Octubre de 1915.

"Hay una juventud que es
la que impulsa
Hay una juventud que es la que
avanza . . .
Y hay otra juventud que retrograda"
canción de Uruguay

The childhood and young manhood of Ricardo Flores Magón coincided with the period of Mexican history called the Porfiriato (1876–1911).[19] The fundamental social and economic factors in México during Flores Magón's early years were several. A communication system was established and the availability and dissemination of information increased. The population grew and literacy increased. There were a larger number of educated citizens. An elementary industrialization was achieved and agriculture was partially commercialized; both factors increased the middle and labor sectors of society. In effect the Mexican nation began the transformation from a "traditional" society to a "modern" one. At this time, wealth was held by a visible small minority of people whose values and social modes were antipathetic to the vast majority of the nation who remained dismally poor. Over the years the people became increasingly dissatisfied with their condition.

Political factors were also varied. The state was formally and informally centralized, becoming active in many fields, especially in the economy and education. State income increased and the national bureaucracy was more tightly organized and became effective. However, there was another side to the strengthening of the state. A dictatorship existed which curtailed civil liberties, did not adhere to constitutional laws, and which was perceived as favoring foreign interests over national ones. Disagreement with the political practices of the regime, in addition to the growing social and economic problems of the country, resulted in a growing reform-opposition that actively began organizing and exhorting the public at large against the Díaz regime. This was the México the young Flores Magón knew.

Ricardo Flores Magón was also strongly influenced by his family background and his education.[20] He was born in San Antonio Eloxochitlan in the district of Teotitlan del Camino, a part of Oaxaca in which, according to his recollections, communal values and practices survived. This communal experience was re-enforced by family discussion. Flores Magón's later utopia, Anarco-communist, was inspired in part by this Indian reality and historical heritage. He consistently reaffirmed his commitment to collective values. Though his family was not destitute, its financial situation was precarious and declining throughout his youth.

Both his father, Teodoro Flores, and his mother, Margarita Magón, were extremely partisan members of the Liberal Party, "juaristas de hueso colorado" and defiant "chinacos." Both had participated in the struggles of the Liberal Party against the Conservatives as well as the French. His father was an officer in the Army. Both rejected Porfirio Díaz as a usurper, tyrant, and a betrayer of the Liberal ideals. His father, unlike many other "Liberals," did not accommodate to the Díaz regime. Flores Magón maintained a strong veneration for President Benito Juárez (1867–1872) and the Liberal Party as it was during the years of La Reforma (1867–1876). He began his political activities as a Liberal. He analyzed his later evolution as a logical extension of an uncompromising liberalism. It was fitting then that he called the political party he organized *El Partido Liberal Mexicano*. There existed in him a nostalgia for the past; it was part of his anger for the future.

The formal education he received stamped his writings and political tactics. Flores Magón attended the Escuela Nacional Preparatoria where the curriculum was tightly organized and explicitly based on a positivist philosophy.[21] Thus, he was rigidly trained in a particular analytical view and method. This education was premised on a materialist conception of perception, nature and society. Man is an integral part of nature, the real world is that which is known, nothing else exists. Nature, society included, may be comprehended through "laws" deductible by observation and analysis. Nature—life—was dynamic and constantly evolving, and relative in its particulars. Struggle was an integral premise as was utilitarianism. His training stressed the efficacy of personal volition and the ideal of personal liberty. Importantly, the education held to a belief in progress: humanity is improvable through effort and education. A moral and material improvement is also possible. This education was enriched by wide reading in humanist and naturalist literature in Spanish and other languages.[22] Later he attended the Escuela Nacional de Jurisprudencia. Flores Magón maintained these formal formative influences throughout his life.

The knowledge of the national past as well as the judgment of the contemporary state of society was central to Flores Magón's thinking. He shared the general view of the dissident liberals of his generation on each topic. In his view, Mexican history was one continuous struggle for freedom, and he was committed to the struggle:

Habiendo luchando todo el siglo XIX estamos condenados
a seguir luchando.[23]

He dated this struggle from the Conquest to the present, identifying its beginning at the encounter between the ancient Mexicans and the Spaniards. There was a long line of historical oppressors: the Spaniards, the Church, the landowners, the military caste, the French, the Anglos and foreign capital in general. The one glimmer of democracy in Mexican history was "La Reforma" and the Díaz dictatorship put an end to that experiment. For Flores Magón, history indicated the enemy; thus, history conferred upon him a responsibility: action. His views of the past conditioned his view of the present and hence his politics.

In the eyes of Flores Magón the dismal contemporary state of México was due to the corrupt politicians, the military and the clergy, whose powers were possible because of the ignorance of the people. Thus, he stressed the importance of educating and propagandizing the people as a means for bringing about change. Flores Magón's opinion of the people was ambivalent. He viewed them as sovereign and heroic yet apathetic and ignorant at the same time.[24] But his firm conviction that they would move to action led him to conclude that through extensive propaganda and the engineering of the spark, they would spontaneously overthrow oppression and create Revolution. This did not prove to be the case.

Flores Magón moved successively within two ideological contexts, Liberalism and Anarchism. He was clearly in the mainstream of a nationalist Mexican Liberalism, at least publicly, until 1907. His principal motivation was the love and well being of the nation whose constituents he identified as the middle class, the workers and the Indians.[25] He advocated representative democracy and the de facto reinstatement of the Constitution of 1857.[26] While a liberal, he believed good intentions and ethical behavior were sufficient to obtain reform. He emphasized, as mentioned above, the importance of general education and individual will for political reform. He advocated a sense of civic responsibility while urging political organization. He believed this possible even under the Díaz regime. The concerns of his early years were primarily juridical and political. Both the state and a civic patriotism were endorsed by him. He rejected revolution as counterproductive to national progress.[27] Clearly, neither Flores Magón nor his adherents were intellectually static. There was a gradual radicalization and expansion of their thought as a result of experience and study.

Flores Magón corrected and rejected some of the early influences. He maintained throughout, however, a critical view of life, remained a materialist, and firmly pegged his political ideas to conform to a world of natural laws. Life was worth living for him, and he believed to the disorder there was, man could, through rational reasoning, bring harmony. Yet, in his thought there was always the ethical, humanist preoccupation; in fact, his goals were ethical. He held as political goals solidarity, generosity, selflessness, harmony, as well as material well-being. He later questioned progress through evolution. The solution to re-establishing progress was revolution. His realization that the problems of México were integrally associated with worldwide phenomena affected his focus; then it was not only México, but the world, which concerned him. To change México the world had to be changed, thus he became an internationalist and an Anarco-communist.

Anarchism for Flores Magón was a radical extension of his early ideas as well as a transcendence of them. Though it is difficult to ascertain precisely when, Flores Magón became acquainted with anarchist writings around the turn of the century. Years passed, however, before he explicitly endorsed it.[28] He had, as a liberal, stressed what he called Jacobinismo:

> El Jacobinismo es la perfección. El Jacobinismo es la justicia perfecta, la libertad sin trabas, el principio de la equalidad humana pura y noble.[29]

To him anarchism was the purest form of liberalism and he saw it exemplified in the ideals of Juárez. For Flores Magón the key concept was "la idea liberal es la de libertad."[30] Anarchism radicalized his previous ideals of liberty, equality and fraternity. These ideals, he concluded, required the abolishment of private ownership of the means of production, and the abolishment of institutional authority as well as the establishment of cooperation and mutual aid. Anarchism was in vogue; it provided what seemed to be a coherent, tactical, and ideological perspective. It stressed accepted ideals. Thus, the times, his values and political evolution predisposed him to the anarchist writings of Proudhon, Kropotkin and Bakunin which were circulating in México by 1900, as were copies of the Communist Manifesto.[31]

The Early Years

Ricardo Flores Magón emerged in politics as a student leader in anti-Díaz street demonstrations carried out in México City in May of 1892. The principal student spokesman was Joaquín Clausel.[32] The protests of the sixty students and others were for free elections and against the continuance of Díaz in office. As a result of his participation, Flores Magón received his first jail sentence: one month. In 1893 he, along with other students, established *El Demócrata,* a liberal opposition newspaper which was suppressed within the year. Little of his life is known from the period of his disassociation with this paper to the time when *Regeneración* appeared in 1900.[33]

With Jesús Flores Magón and Antonio Horcasitas as the senior editors, Ricardo Flores Magón established *Regeneración* as a "periódico jurídico independiente." The first issue appeared on August 7, 1900.[34] The name referred to the desired goal of regeneration of the patria. Its tone was reformist and dissident. At the beginning it was limited to legal and juridical concerns, reflecting the professional interests and youthful ideals of the three editors. Two were already lawyers, Jesús and Horcasitas, while the third, Ricardo, was a law student. The first nineteen issues, up to December 23, 1900, dealt with problems in the administration of justice in México City and the provinces, offered reforms and highlighted specific cases.[35] On December 31, 1900, signaling a new phase, *Regeneración* declared itself "periódico independiente de combate."[36] Horcasitas withdrew from the editorial board and left the two brothers to continue. It was still a reform Liberal newspaper, but one that was frankly political and in opposition to the regime.

In 1900, the Flores Magón brothers joined the call issued by the wealthy reformer Camilo Arriaga for the formation of Liberal Clubs, which led to the Liberal Congress held at San Luis Potosí on February 5, 1901.[37] Flores Magón, nominated as a delegate by the Comité Liberal de Estudiantes, exerted a major influence at this benchmark affair. In April, along with Diodoro Batalla and others, Flores Magón formed "La Asociación Liberal Reformista," a liberal club based in México City and associated with the Congress. In addition to being a writer and spokesman, he was becoming an organizer. Since he was now questioning the legitimacy of the regime through writing and speaking and organizing opposition to it, Flores Magón was a marked man. *Regeneración* was suppressed as was *El Hijo del Ahuizote* and several other newspapers which he attempted to start, or with which he collaborated. From 1901 through 1903 he was fined and sentenced three times. In June, 1903, he was prohibited from publishing in México. His alternatives consisted of continuing to be sent to prison or resigning himself to complete inactivity. Rather than choose either he exiled himself to the United States.

While in México, Flores Magón and his adherents made a number of contributions to the nationalist reform movement. They were among the first to pose questions about and to convince others to question the legitimacy and the political viability of the Díaz regime.[38] Flores Magón became convinced that a beneficent dictatorship did not provide the nation with the basis for social, economic or political progress. In fact, it was counterproductive, even for the economy. All sectors suffered, including the lower bourgeoisie. Harmony amongst these sectors was not only a possibility but a necessity and progressive politics could be based on this. Flores Magón also pointed out that the Liberals ought to go beyond a dated, irrelevant anti-clericalism, and take a more realistic look at the causes of national ills.[39] Flores Magón argued and demonstrated that the citizenry could be aroused, educated to the issues, and organized; he stressed that what was needed was for "good men," truly patriotic, to unite in a political force and to struggle: "Hagamos saber nuestra voluntad, que es la voluntad nacional."[40] What this required was a love for democracy, good faith, and dedication to the national welfare. Flores Magón and his associates in the Clubs Liberales were among the first to issue coherent statements on needed universal reforms which transcended nineteenth century Liberalism while clearly pointing to the twentieth century.

III.
Al
Otro
Lado

Graphic of Ricardo Flores Magón in prison.

"... me han agarrado preso
Siendo un gallo tan jugado

. . .

a las once de la noche
me aprendió la policía

. . .

Me aprendieron los sherifes
al estilo Americano

. . .

Como era hombre de delito
Todos con pistola en mano

. . .

Despedida no les doy"
                    Corrido de Cananea

On January 4, 1904, Ricardo Flores Magón, Enrique Flores Magón, and Santiago de la Hoz crossed the border, as have done so many other Mexicanos.[41] They were joined a short time later by Librado Rivera, Antonio Villareal, and Rosalío Bustamante. They quickly experienced the reality of Chicano life when they took jobs as farm laborers and dishwashers in Laredo, Tejas.[42] In an interview, Nicolás Bernal recounted what a deep and lasting impression the manner in which Chicanos were treated made on Ricardo.[43] Whatever illusions he had about the "liberal democracy" of the United States were lost in those first weeks. The group maintained contact with liberals in México and received grudging support from some of the wealthy bourgeoisie such as Camilo Arriaga and Francisco I. Madero.[44] From their own earnings and from money raised in México the group gathered funds for their first objectives: a newspaper and an organizational network.

The strategy that unfolded consisted of several parts and one major goal: the displacement of the Díaz regime in México. Although this goal would eventually change and, accordingly, the tactical direction, in the plans of 1904, the establishment of a central political and informational organ was a key issue and a major newspaper or journal in the United States was seen as the answer.*[45] A supporting network of local newspapers would be established either by creating ties with existing ones or by organizing new ones. The flurry of radical newspapers that appeared in the Southwest from 1904 to 1910 was a partial result of this strategy. The newspapers were to serve as organizing vehicles.

PLM activists/partisans may be divided into three sets or cohorts: 1) the large audience composed of Chicano-Mexicano general sympathizers and intermittently active, for the most part lower middle class artisans, and laborers; 2) the local cores of leadership, in the majority Chicano, district organizers, chapter officers, local journalists who were transmitters and interpreters of PLM policy usually active for prolonged periods; 3) the bi-national leadership, well educated, self taught or as a result of professional training, they were the policy makers and were mostly Mexicano but with some Chicanos, these were the full-time organizers-spokesmen-writers who developed policy, amplified arguments and created transregional solidarity and

---

*A magazine-type of publication was apparently originally considered for location in New York as opposed to the Southwest.

were symbols of it. The most active among these three sets were the wandering organizers be they district or national; they communicated their passionate belief and were skilled educators and agitators. Though the PLM leadership conceptualized as professional organizers in regard to strategy and tactics, invariably they behaved as propagandists. Within PLM respect and positions depended on proven dedication and integrity, less on success and certainly not on social position or formal education. Important in maintaining the vibrancy of the organization was the physical act of communication. Receiving *Regeneración* and other periodicals was a pleasurable event and sure proof that the movement lived. A letter from Vidal Garza Pérez of Laredo to Flores Magón stated "No tienes una idea lo que aprecian a *Regeneración* por estos lugares; todos se ponen muy contentos el día que viene." Particularly pleasing was to find local news commented upon by the large newspaper or to read the exchange of letters by local partisans (often joint letters) with the editors, an exchange intense by all parties involved. On the day of delivery a group formed and the literate read to the non-readers. Discussion followed lasting hours, praise and criticism mixed; this would repeat itself for days. The word spread.

The organization was not only to raise consciousness but to weld groups of people together for revolutionary action. Thus a party organization was conceived, headed by a Junta and composed of local chapters in the United States and México. Financing was to depend on small contributions, dues, and the sale of *Regeneración*. When eventually constituted, these chapters ranged in membership from a few to several hundred individuals. Local clubs were organized from scratch or were formed from existing local groups which adhered to the Junta. "In reality," Flores Magón wrote later in 1908, "our secret liberal clubs are socialist."[46]Leads to interested groups or individuals who might be recruited for the organization were a result of personal contacts, and correspondence with the central newspaper.* Also the adherence of particular groups or individuals was often sporadic. The bulk of organizational activity took place in Tejas, Nuevo México, Arizona, and California and it involved three principal organizational drives; those of 1906, 1908, and 1910.

Regeneración was re-established in San Antonio and the first issue

---

*Political groups and newspapers, both conservative and liberal, existed before 1904 in the Southwest.

was published on November 5, 1904.[47] From this date through the time of its publication in St. Louis, its subscription list was around 20,000 with a wide distribution in the Southwest and in México. It usually had to be smuggled into the country. The paper highlighted the injustices suffered by rural and industrial workers in México, the abettance of foreign capital by the Díaz regime, the incompetence and/or corruption of identified government officials and the negative consequences of a continuing dictatorship. It emphasized the need for an organized opposition party. The newspaper was directed at the Mexican and Chicano labor sector. It reached primarily industrial workers and lower middle sectors rather than a campesino audience. Activities in San Antonio did not go unnoticed for long by the authorities.[48] Consular offices, functioning as agents of the Mexican government, maintained surveillance over the group and directed the persecution.[49] The *Regeneración* office was raided and Ricardo Flores Magón and others were assaulted.[50] The group decided to move to St. Louis, Missouri, because of these incidents.*

The Partido Liberal Mexicano was declared organized on September 25, 1905, in St. Louis, Missouri.[51] Members of the governing Junta were Ricardo Flores Magón, President, Juan Sarabia, Vice President, Antonio I. Villareal, Secretary, Enrique Flores Magón, Treasurer, and had as voting members (vocales) Librado Rivera, Manuel Sarabia and Rosalío Bustamante. A manifesto was issued calling for struggle against the Díaz regime and for secret groups to form and associate themselves with the Junta.[52]

As had occurred in San Antonio, police harassed the group in St. Louis. Local police and Pinkerton men along with Furlong detectives hired by the Mexican government held them under constant surveillance.[53] Grounds for charges were devised in October. A jefe político from Oaxaca, Manuel Esperón de la Flor, came to St. Louis and filed a series of charges against Ricardo and Enrique Flores Magón on October 12, 1905; as a result, *Regeneración* property was confiscated and the brothers indicted.[54] A defense effort was quickly put together both in México and the United States. Two local newspapers, the *Post Dispatch* and the *Globe Democrat,* gave favorable publicity. It provided the first occasion for the collaboration between PLM members and non-Mexican radicals, such as Emma Goldman and the Spanish anarchist Florencio Bazora. The prisoners were

---

*RFM and others may have previously visited Chicago.

released in January of 1906. The Junta decided that they should leave for Toronto, Canada, where they would be safer.[55] By this time the Junta had broken with its bourgeoisie supporters in México.[56] Under the direction of Librado Rivera *Regeneración* reappeared in St. Louis and plans were made for the publication of a major *plan* detailing reforms and goals. Accordingly, the Plan de 1906 was published on July 1, 1906.[57]

The Plan de 1906 was the single most important and seminal statement made by the Magonista PLM. In large part it became the working platform of the Mexican revolution. From the perspective of Flores Magón's personal evolution and public influence, the 1906 statement was a summation and watershed. However, it was not a personalist statement. It expressed, in abbreviated form, the reforms advocated by the progressive sectors of the times. Further, the Junta had earlier asked the public in México and the Southwest to send suggestions to be incorporated into the Plan. Many persons answered the call.[58] Putting the Plan together was more a task of editing than conceiving and this was done principally by Antonio Villareal and Juan Sarabia. Ricardo Flores Magón contributed mainly to the opening manifesto of the Plan. Many years of work, organizing and contributions were reflected in the Plan.[59] However, the most radical persons were already moving away from statism.

The Plan was postulated on the potential harmony of *all* national sectors within a reformed state. The Plan did not perceive any irresoluble conflict of interests among the different sectors. It pays relatively specific attention to the agrarian and urban labor sectors and the small merchants. These sectors had been points relatively absent in the early writings. One clause referred directly to the right of Mexicanos outside of México to receive land. Throughout the Plan the sovereignty of the people was upheld and was to be expressed through political action and democratic institutions. Economic, educational and social reforms were joined integrally with political ones. Importantly, the state, in representing the people, was to be a regulatory and active agent, an instrument for national well-being and progress, that is, prosperity and freedom. Thus, radical liberalism was both a doctrine and a method aimed toward national regeneration. Besides stating these goals, the Plan was to serve as a platform for organizing the PLM.

The operations of the Partido Liberal Mexicano had three concurrent aspects that are historically interesting: the role of women,

Anglo-radical collaboration and inter-relations with labor activity. Reflecting radical liberating ideological beliefs, PLM advocated the emancipation of women and partially exposed some of the factors in the oppression of women.[60] The organization urged female participation in its activity. Among its most staunch and most important supporters were Modesta Abascal and Silvina Rembao de Trejo in México and Andrea and Teresa Villareal in Tejas, and María Talavera (compañera con Ricardo), Francisca Mendoza, Ethel Duffy Turner and the wealthy Elizabeth Trowbridge in Los Angeles. The last two women mentioned came to PLM with a background of Anglo socialist activities. PLM activities took place during a phase of acute radical ferment in the United States and it was, of course, drawn to Anglo groups with whom there was mutual support and often joint activity. However, relations between them were not free of tensions and errors.[61] One of their common grounds was union activity. The preferred organizational focus of PLM was labor. There was a direct relationship between PLM, Mexican labor experience and labor activity among Chicanos in the United States, especially in California, Arizona and Tejas.

What were the conditions, who were the people and who adhered to PLM, even if passingly as was the case for most? The answers to these questions are neither definitive nor simple. PLM was strongest along the Tejas border, the mining area of Nuevo México-Arizona-El Paso and in the urban center of Los Angeles. For the three general areas influences and events from both México and the U.S. were at work. Each of these three constituencies and their socio-economic matrices had considerable differences, accordingly the consciousness of PLM participants drawn from these sectors may have differed widely. On the whole, economic conditions fluctuated, nonetheless there may have been improvement from 1900 to 1923.

The Tejas border was characterized by a vast, sparsely settled countryside, spotted by small to medium sized pueblos. It was an area which exported labor to other parts of the U.S. and increasingly imported new labor from México. The economy was principally agricultural but trade was important for the towns. On one hand were the large Anglo owned ranches worked by Chicano vaqueros and day laborers and on the other, the small farms privately owned or leased, often by Chicanos, and worked by the holder's family or local day labor. Along the border artisans, merchants, and professionals were usually Chicano. Anti-Díaz exiles were present since the 1890's as well as other newcomers. As a whole, the Chicano social order enjoyed a rich and deep tradition, a people proud, quick to arm, literally under forced occupation by the Anglo who was not seen as the job-giver nor respect-claiming agent of the state be he bureaucrat or teacher, but as the gringo usurper. This social order, which had endured with few significant alterations since 1848 and what change had been ceded had been fought inch by inch, was in 1904–1910 threatened by major changes. This was a result of a combination of factors: the introduction of the railroad, changes in landownership which affected usages, which affected forms of labor such as the acquisition of previously Chicano-held land by banks and new Anglo emigrants, the changes from livestock raising to irrigated crops, emigration of Anglos from the midwest and south, the spill-over effects from the Mexican consequences of the 1907 world depression which affected currency values, and the growing pervasiveness of the Anglo bureaucracy and institutions. These conditions coupled with historic grievances and aspirations made for uneasy times.

Latent and potential conflict, marginalization and direct exploitation were features of the Nuevo México-Arizona area. Mining and trade with the mining camps of México dominated. Both forms of enterprise depended on labor displaced from the northern New Mexican communities and labor from México. The mining centers had modern industrial technology, mass skilled and semi-skilled labor with sharp ethnic cleavages and a recent history of frustrated organizational efforts. Workers endured long hours, bad working conditions, differential pay, speed-ups, and lived in towns dominated by the companies. The camps had little in common with the historic pueblos of northern Nuevo México. However, in the camps, the fifth generation New Mexican worked and lived side by side with the recently arrived Mexicano.

Los Angeles was overwhelmingly the city of the migrant Mexicano and at this time beginning on its way to becoming the major Chicano urban center in the Southwest. It was primarily a city of commerce, light industry, and a depot for transient labor. Unstable work conditions either in semi or unskilled tasks was the rule. You worked when there was a job, where there was a job, at whatever price; when there was none, you tightened your belt. Employment was pico y pala, small manufacturing and the local fields. The barrio grew particularly after 1910. It was crowded, rents were high and tuberculosis was common. The jobless, the curious and the radicals held court at La Placita. What middle class elements existed were for the most part recent arrivals from México. The traditional community had been obliterated. The barrio had no history to cling to; it was defining one. In Tejas PLM recruited the artisans, the small holders and lower middle class; in Los Angeles they attracted an audience of marginal and transient labor. Whether forced by circumstance or as a result of a conscious decision, PLM switched bases from the Tejas border to the metropolitan area of Los Angeles; significantly, it did so with success, and its influence persisted longer in Los Angeles than anywhere else.

Tejas was the scene of persistent and widespread PLM activity which revolved around groups and newspapers. The Junta made its headquarters there on two occasions, at San Antonio in 1904, and at El Paso in 1906. *Regeneración* was published in the former city for a short time. Another newspaper published in San Antonio from 1904 to 1906 was *Humanidad,* which was printed in red ink and had as its editor Santiago de la Vega; it focused not only on Mexican problems, but also on the problems of the farm laborers in Tejas.[62] The group in San Antonio was the "Comité Liberal;" it had about seventy members led by E. Treviño and Marceleno Ibarra.[63] In contrast, ostensibly "liberal" newspapers, *La Libertad* (San Diego, Tejas) and *El Liberal* (Del Rio, Tejas) directed right wing criticism at PLM. At Del Rio Crescencio Villareal Marquez published *1810;* at the same time he mobilized a PLM group, making good use of the presence of individuals such as Pedro N. Gonzáles, first president of the association. Gonzáles had been involved with the Catarino Garza movement in the early 1890's, again an interesting connection.[64] The Del Rio group was also an example of another PLM feature, that is the use of a cover or dual organization.[65] Along with its clandestine revolutionary activity, the Del Rio club functioned as a traditional cultural-political association devoted to local affairs. El Paso was worked by Lauro Aguirre, Prisciliano Silva, and Rómulo Cormona; it had a large PLM group of up to two hundred individuals and three newspapers: *La Reforma Social,* edited by Aguirre, *La Democracia,* edited by W. Tovar Bueno, and *La Bandera Roja,* edited by Rafael S. Trejo.[66] Generally, the Rio Grande City area was the responsibility of Jesús María Rangel, aided by Simón Gonzáles and Casimiro Regaldo.[67] Antonio de P. Araujo and others worked in Seguin, Sanderson, Menard, Staples, Homes, San Marcos and Fentreas. From Tejas organizers such as Rangel visited Oklahoma towns including Wilburton, Lebigh, Coalgate and McAlester.

In Nuevo México and Arizona PLM activity was apparently markedly associated with labor groups. Praxedis Guerrero, Manuel Sarabia, Lázaro Gutiérrez de Lara and Fernando Palomares were among the best and most ideologically radical organizers. They worked the mining centers intensely. Their efforts were made easier because there was a continuous exchange of labor from Sonora to Arizona. There was also the fact that the "marked" or indicted labor agitators who had considerable organizing experience moved from the Mexican mining, textile, and railroad industries to the United States. Labor activity had preceded PLM organizing; in 1902 one of the leaders, Abram Salcido, had been sentenced to the penitentiary for labor agitations.[68] In 1903, José Treviño, another leader, was jailed. The Douglas group, called Club Libertad (1905), was headed by Tomás D. Espinosa and it numbered around three hundred.[69] It was associated with the rap-sheet *El Demócrata*. The Douglas group operated both overtly and covertly. Its surface activities were conducted at the "Half-Way House" and ostensibly were concerned with patriotic social festivities and local politics. Late into its meeting, after the guitar playing, the other part of the agenda was taken up—ideological discussions and the planning of the purchase of arms, dynamite and so forth. At Morenci the "Obreros Libres" (1907), led by Guerrero, was organized; the secretary was Manuel Vásquez, and Augustín Pacheco was the treasurer.[70] Other members of the presiding Junta were Francisco Manrique, Filiberto Vásquez, Abraham Rico, Telesforo Viquerilla, Felix Rubalcaba and Cenobio Orozco. Bruno Treviño was active at Mowry, Arizona. At Clifton and Metcalf PLM activity centered around the Sociedad Zaragosa (1908), usually as a result of Ramón Treviño, Nepomuseno Rios, Leocárdio Treviño, Luis Mata and Felix Alvarez.[71] In Nuevo México, particularly active were the Columbus, Anthony and Albuquerque groups, again spurred by Praxedis Guerrero in association with Gilberto Martínez and Carmen and Teodoro Gaytan.[72] Anselmo Figueroa, one of the most steadfast PLM organizers, was recruited from Nuevo México. Tucson activity was stimulated by the organization around the kidnapping of Manuel Sarabia (1907) and the trial of Flores Magón (1909), which incited rallies, meetings, and other protest activity.

California activity occurred later and was not as widespread as in other parts of the Southwest. It was intense in one area—Los Angeles.[73] In California, as in other parts, PLM collaborated with existing groups. Among these in Los Angeles were the "Partido Socia-lista de Obreros," "Club Ciencias Sociales," "Socialist Party, Rama Mexicana" and the International Workers of the World (I.W.W.). While on a trip that took him as far as Denver, Praxedis Guerrero stayed over in San Francisco and at both locations attempted to promote activity related to the cause. After the PLM established itself in Los Angeles in 1908, Anselmo L. Figueroa and E. Ascencio were actively important as were the regular Junta members in this newly established headquarters. Fernando Palomares and Juan Olivos, veterans of the Cananea and Rio Blanco labor conflict, also did much organizing in Los Angeles. PLM rallies, buttons and litera-ture were featured in Los Angeles among Chicanos from 1907 through 1918. The principal PLM newspapers in Los Angeles were *Revolución,* 1907, *Libertad y Trabajo* and *Regeneración,* 1910–1918. Other news-papers published for the Chicano community, such as *El Correo Mexicano,* opposed PLM. Certainly not all the Mexican-American press of the times were radical or even liberal. Overall PLM activity generally was devoted to fomenting revolution in México. Most of the organizing was accomplished around the platform provided by the Plan of 1906.

1906

With more courage and idealism than forethought, PLM plans were set in motion during 1905 and early 1906 for armed action in México.[74] To this end PLM groups were mobilized in the Southwest and in México; much of this work was done by Praxedis Guerrero who worked both sides of the border. From an analytical perspective it was a good moment. The labor unrest in México, visible since 1899, was peaking in 1905–1907.[75] The Cananea strike erupted and though PLM maintained contact with strike participants it rejected credit for the strike.[76] By August 1906, forty PLM groups in México and in the United States had been organized and could be counted on to coor-dinate a rebellion and hopefully spark a mass insurrection.[77] Members of the Junta, including Flores Magón, moved to clandestine quarters in El Paso in September. The plans for initiating the rebellion are indicative of the organizational problems that faced PLM. The upris-ing was to occur (1) if there was news of an uprising in Cananea; (2) if information was received that one of the groups was actually engaging federal troops; (3) if the Junta members were arrested; or

(4) only upon a date set by the Junta.[78]

Despite faulty coordination, the formation of forty groups dedicated to Revolution was a significant accomplishment. However, PLM organizing was not as tight as the opposition demanded and the revolt failed. The PLM effort was seriously impaired through opposition infiltration and surveillance.[79] United States and Mexican authorities were informed and thus were able to blunt the movement. Raids by police started to occur by September in Douglas, Arizona, in Rio Grande, and El Paso, Tejas, in St. Louis, Missouri, and throughout México.[80] The Mexican government had infiltrated undercover agents and had secured PLM membership lists and the correspondence between the Junta and the local leaderships. Two Mexican army officers acted as double agents in El Paso.[81] Nonetheless, the Del Rio Group attacked Jiménez, Coahuila and the PLM group rose in rebellion in Acayucan, Veracruz, in September 1906.[82] Despite the heartbreaking military failure of the 1906 rebellion, the PLM forcing the objective and subjective conditions, had mobilized a political armed rebellion and had demonstrated to Mexicanos that rebellion was possible even if difficult, and more importantly, that men were willing to give their lives for a revolution. Reorganization efforts began almost immediately.

1908

By December of 1906, Ricardo Flores Magón, who by seconds had escaped the raid in El Paso, was preparing the reorganization of PLM groups for the next effort in 1908. Hounded by the police, desperate for funds and arms, Flores Magón moved from place to place in California, living on day old bread and nickel bologna while he tried to reorganize. In one situation he escaped dressed as a woman. After 1906, Madero openly opposed PLM "if revolution was their goal" because it was "unpatriotic."[83] PLM denounced the reform parties in México as "absolutely bourgeoisie." The year of 1907 was one of intense activity as the groups prepared. Although this time they were more numerous and practiced better security they were still unable to effectively stop police surveillance. The police were *also* better prepared. On August 23, 1907, Ricardo Flores Magón, Antonio I. Villareal, Librado Rivera, and Modesto Díaz, nearly the entire Junta, were arrested in Los Angeles by United States authorities and Furlong Secret Service Agents working for the Mexican government's consular officials.[84] Allegedly the raid was the first part of a conspiracy to kidnap Flores Magón and ship him to México; the plot was foiled. The original charge of resisting an officer was changed to violation of neutrality laws. Besides the leadership being knocked out, the arrests meant that effort would be divided between military preparation and legal defense.

Riding the crest of its prestige, PLM mustered considerable support for its legal defense. Contributions came from across the Southwest. The Socialist Party, I.W.W., the Western Federation of Miners, the Carpenters Union of San Antonio and various anarchists endorsed the PLM cause.[85] Ralph Chaplin, a former Wobbly, wrote how he felt during those days. "The struggle in México, like that in Russia, India, and Ireland was becoming my struggle. Enrique and Ricardo Flores Magón were becoming my personal heroes."[86] Indeed, the Mexican fleetingly became "a left issue" among Anglo radicals. A large rally was held in Los Angeles on September 1, 1907 (one week after the arrests), and also on November 12 and November 26, 1907. The consul smugly reported to México City that these were of no account, being that only poor Mexicans of the local community, socialists and anarchists attended.[87] The government was to find out how potent this combination could be. The radical attorneys Job Harriman and A.R. Holston were retained for the long and costly proceedings. The prisoners were held in Los Angeles jails throughout this time. The Los Angeles charge was dismissed and in October of 1908, the prisoners were extradited to Arizona and new charges were filed at Tombstone. On May 16, 1909, they were tried and convicted through bias and perjury and sentenced to eighteen months in the federal prison at McNeil.

Mobilization of the PLM groups not only antedated legal difficulties but continued despite them throughout 1907 and into the summer of 1908. Since several of the Junta were under indictment, the effort was directed by Guerrero and Enrique Flores Magón.[88] *Revolución* was established as the central propaganda organ in Los Angeles in June 1907. A manifesto published in 1907, by Praxedis Guerrero, alerted the Chicano communities to the continuing militancy of PLM.[89] Approximately forty to sixty-four groups were involved. Thirty groups were equipped with arms. The date set for this rebellion was June 25, 1908.[90] On June 19 and on the very day of the 25th, arrests took place at Casas Grandes, Chihuahua, and at El Paso, Tejas. The raid at the El Paso quarters was particularly damaging.

Files, arms, munitions, and a large cache of dynamite (provided by the Arizona miners) were seized.[91] This was especially damaging because the El Paso unit was to attack Juárez and the attack on Juárez was planned as the signal for the other groups to mobilize. Yet with the strong will that was then a characteristic of the Magonistas, they continued and did not let the setback deter them. The group of fifty men in Viesca, Coahuila, attacked on schedule and temporarily occupied the town.[92] On the 26th the men of Del Rio, 75 strong, attacked Las Vacas, Coahuila.[93] What remained of the El Paso organization assaulted Palomas, Chihuahua.[94] At Palomas, though there were more men available, there were arms for only ten. Through July and August there occurred sporadic actions. Despite military frustrations, September 15 was set as the date for another revolt. Arrests continued to cut into the ranks of the local leaders and members.[95] These arrests, when added to the numbers arrested in the summer and the numbers of field casualties, meant that PLM was battered. To complicate matters further, an ideological split developed in the Junta. Antonio I. Villareal and Manuel Sarabia were now considered insufficiently radical.[96] There were other problems.

In addition to the detraction of funds and the division of organizers' energy into legal defense efforts, and the morale let down after the failure of 1908, the PLM groups lost initiative and identity. At what may have been a critical juncture, Ricardo Flores Magón, cognizant of the need for broader political support from Anglo radical groups, ordered PLM chapters to dovetail activities and members with other groups.[97] A highly disciplined political cadre might have made this a brilliant tactical move. It appears, however, that there was resultant confusion, resentment and "capturing" of PLM membership. Flores Magón was not unaware of the condescension and racism the Mexicano encountered in the U.S., even from white radicals;

> La agrupación de Chicago no nos defiende ni es para otra cosa que para defender a los amos. Nosotros somos pobres mexicanos. Somos revolucionarios y nuestros ideales son avanzadísimos; pues somos mexicanos. Esa es nuestra falta. Nuestra piel no es blanca y no todos son capaces de comprender que tambien debajo de una piel oscura hay nervios, hay corazón y hay cerebro.[98]

In a letter to two of his closest adherents during 1908, Flores Magón sent new analyses and tactics.[99] The letter signaled a new phase for PLM. In the letter Flores Magón introduced his ideas by first presenting a historical analysis: the history of revolutions in México and elsewhere demonstrated that they were cyclical and futile. At great sacrifice and with good intentions, power was taken in each of these revolutions, yet tyranny eventually resulted. The legislative process, because *all* classes participated and because it included *all* political views, gradually lost impetus and became conservative as it attempted institutionalization. The people remained in poverty and without political liberty. This was due to the fact that the root cause remained—private property and the values surrounding it. As long as this was so, exploitation and suppression would result. To end the cycle, private property must be abolished and a process of permanent revolution must be generated. Flores Magón, in effect, called on his followers to adopt, explicitly, Anarchism.

For México, Flores Magón outlined that the strategy should be to initiate the revolution and to insure that pent-up frustrations and desires were given free rein. The Mexican Revolution, by necessity, would have strong anti-capitalist tendencies: give the land away, let the people take over the mines and factories, dispossess the national bourgeoisie first, the foreign owners later. In the process the people would learn solidarity and mutual cooperation. Importantly, international relations were to be established with socialist and anarchist organizations. Flores Magón counted on a minority of dedicated individuals and on support from anarchists and socialists for the work that this plan entailed. He cautioned, though, that given the connotations of the term Anarchism, the PLM, for tactical reasons, should not admit publicly to being anarchist. In the letter there was more assertion than analysis, more optimism than strategy. These positions were further elaborated in future issues of *Regeneración*.

The PLM leadership, still at liberty, faced 1909 taking positive steps. Manifestos were issued by Praxedis Guerrero on May 10 and August 2, urging Mexican and Chicano participation in the next insurrection.[100] He traveled through Nuevo México, Arizona and Tejas emphasizing the need for organization and paying particular attention to workers' groups. *Punto Rojo* was established as a principal propaganda newspaper in El Paso and it soon had a circulation of 10,000.[101] Political work continued with other groups such as the Socialist Party, the Political Refuge Defense League, labor groups and through masonic lodges such as "El Cosmopólita" in Alice, Tejas, and "Adelante" in Brownsville, Tejas.[102] Women in Tejas were particularly active since, as one female observer stated, women had to continue the work men were now too intimidated to do. Accordingly, the Villareal sisters worked with the paper called *La Mujer Moderna*. The feminist Club Liberal "Leona Vicario," ostensibly an educational reform group, raised money for the PLM. The Liberal Union of Mexican Women also lent its support to PLM. By the summer, PLM organizers were holding large meetings in front of the El Paso County Courthouse, and activity was increasing in Brownsville, Zapata, and Frio Counties in Tejas. In August of 1909 a large rally was held in San Antonio with Andrea Villareal, Mother Jones and John Murray as principal speakers.[103]

In México, however, the political attention was on the 1910 Presidential campaign waged by Madero who, as a result, was acquiring a forum and a constituency unavailable to PLM. Because of its single minded overt reliance on violence and its rejection of electoral politics, PLM did not have access to a large public. By the time Ricardo Flores Magón was released from jail, the make-up of the opposition to the regime in México was much more complex and diverse than when he had been arrested. In its next effort at armed rebellion, PLM was only one of many groups. This rebellion was to be successful but PLM was not in control.

IV.
El Pueblo
Mexicano
hacia el
Comunismo

Photo. The workers march carrying the casket of Ricardo Flores Magón.

Upon the release in August of 1910 of Flores Magón, Villareal and Rivera, a large rally was organized in Los Angeles by PLM.[104] Both Mexicano and Anglo radicals contributed to its success as indicated by the collected sum of $414.00. The monies were used to re-establish *Regeneración*. During the period 1910–1912, the working staff of *Regeneración* was Ricardo Flores Magón, Anselmo Figueroa, Antonio I. Villareal, Lázaro Gutiérrez de Lara, Antonio de P. Araujo, Alfred Sanftleben, William C. Owen and Ethel Duffy Turner. Offices were established at 519½ East Fourth Street where the newspaper was published and where weekly community meetings took place. As before, PLM maintained two levels of activity: propaganda and direct action. The former was carried out through public speaking, leafleting, manifestos and *Regeneración*.

The first issue of *Regeneración* published in Los Angeles in September, 1910, aimed at rallying the Mexican people.[105] It called for violent revolution, denounced foreign capital and advocated the sovereignty of the people as transcendent over officeholders and institutions. Political liberty, it was argued, requires economic liberty and equality to be effective:

> La libertad política requiere la concurrencia de otra libertad para ser efectiva; esa libertad es la económica.[106]

It pointed out that workers produce the wealth and therefore it should be theirs. Flores Magón no longer saw harmony among all sectors, but rather class conflict. At the same time he stressed the equality of women and the need for their freedom as integral to true social liberation.[107]

In succeeding issues of *Regeneración,* Flores Magón advocated an increasingly radical perspective. Directing himself to orthodox Liberalism, he argued that equality was the base for fraternity and liberty, and that the three traditional liberal goals were impossible while there still existed social classes, acquisitiveness and competition. Electoral democracy always came to be controlled by the wealthy against everyone else.[108] Since, in México, land was the basic form of wealth, it must be distributed equally and immediately; that should be the first objective. The cry was "Tierra y Libertad," a slogan later adopted by the Zapatistas.[109] Flores Magón singled out foreign capital as a major exploiter of the people and supporter of tyranny. Nonetheless he denounced the hatred between nationalities which impeded universal brotherhood and was a result of capitalism.

Flores Magón urged revolution in México and foresaw its general outlines. He presented an analysis of its likely development for the better orientation of the people participating in it.[110] In a moving plea, he postulated two alternatives for the Revolution: a political course or a thorough social and economic transformation. To Flores Magón, none of the historical movements of the Mexican people had resulted in progress, regardless of free elections or sincere candidates. The Mexican poor, he counseled, must fight for their class interests against the despot, Díaz, and anyone else. A bourgeoisie republic was unsatisfactory for the real needs of the people. The Revolution, because it came after a period of harsh repression that affected all sectors, would set loose deep popular discontent which was the true revolutionary force. It would, however, have contradictory elements. Hence, the working class sectors must be leery of a reform bourgeoisie leadership capturing it for their own class interests.

He took pains to point out the differences between his Partido Liberal Mexicano and Madero's Partido Anti-reeleccionista, which he said were obvious.[111] The utopia that he advocated was possible, he said, because there was the historical precedent of the Mexican Indian communities.[112] He announced that the Partido Liberal Mexicano was interested in the distribution of land and the means of production to all, with the goals of fraternity, equality and freedom as the proper national social and economic ideals. By 1911, Flores Magón was moving away from overt patriotism though his appeals were Mexican and he never rejected love of culture or region. He rationalized that these were encompassed in the greater patria, *la tierra*.

Regeneración continued throughout this time as the principal outlet for the ideas and positions of PLM, and more principally, those of Flores Magón. It served both seminal ideological purposes, that is, introduced new ideas and concepts, and served polemical purposes. It critically analyzed events and personalities. Among the few specific aspects it endorsed was the Zapatista agrarian movement. *Regeneración*'s statements reflected the process of the social movement in México and the experience in the United States.

Key elements indicated the radicalization that was taking place. The principal motto was changed from "Reforma, Libertad y Justicia" to "Tierra y Libertad." This explicitly signaled the rejection of simple reformism for that of total economic, social and political liberation. Accordingly, a set of general instructions was issued on January

3, 1911: direct expropriation and redistribution of land by the people.[113] It urged women to participate fully in the revolutionary process and envisioned for them a pivotal role not only in the revolution but in realizing a future utopian society. In this, as in other matters, *Regeneración* and the PLM leadership were unique from other revolutionary groups. They were also differentiated by their rejection of any leadership role. *Regeneración* clearly stated that the struggle was not only for a change of rulers and sharply drew the differentiation between PLM goals and the tactics and goals of the Madero movement. It is of interest to note that Flores Magón could have assumed a traditional political leadership role in the Mexican Revolution as it unfolded in 1910–1912. He consistently abstained from this possibility.[114] He stated what was later to be echoed by Fidel Castro:

> La emancipación de los trabajadores debe ser obra de los trabajadores mismos.[115]

The manifesto del Partido Liberal Mexicano issued on September 23, 1911, stated the current position of the party and was published to correct and supplant the one of 1906.[116] Thousands of copies were distributed. The anarchist ideology was explicit. The total destruction of Capital, Government and the Church was advocated. Workers were not to lay down their arms until poverty and authority were abolished. Only thus would equality and freedom be brought about. The influence of Kropotkin was strong in this document as well as in other writings of the period. In effect, the manifesto argued an Anarco-communism:

> Contra el Capital, la Autoridad y el Clero el Partido Liberal Mexicano tiene enarbolada la bandera roja en los campos de la acción en México, donde nuestros hermanos se baten como leónes, disputando la victoria a las huestes de la burguesía . . .
>
> . . . no hay que limitarse a tomar tan solo posesión de la tierra y de los implementos de agricultura; hay que tomar resueltamente posesión de todas las industrias por los trabajadores de las mismas, consiguiendose de esa manera que las tierras, las minas, las fábricas, los talleres, las fundiciones, los carros, los ferrocarriles, los barcos, los almacenes de todo género y las casas queden en poder de todos y cada uno de los habitantes de México, sin distinción de sexo. Los habitantes de cada región en que tal acto

de suprema justicia se lleve a cabo no tienen otra cosa
que hacer que ponerse de acuerdo para que todos los efectos
que se hallen en las tiendas, almacenes, graneros, etc., sean
conducidos a un lugar de facil acceso para todos . . .

In arguing for the abolition of private property, there was ethical
concern for the re-establishment of human solidarity and harmony:

. . . larga contienda del hombre contra el hombre, que tiene
su origen el la desigualdad de fortunas que nace del principio de la propiedad privada. Abolir ese principio significa
el aniquilamiento de todas las instituciones políticas, económicas, sociales, religiosas y morales que componen el
ambiente dentro del cual se asfixian la libre iniciativa y
la libre asociación de los seres humanos que se ven obligados, para no perecer, a entablar entre si una encarnizada
competencia, de la que salen triunfantes, no los mas buenos,
ni los mas abnegados, ni los mejor dotados en lo físico,
en lo moral o en lo intelectual, sino los mas astutos, los
mas egoistas, los menos escrupulosos, los mas duros de
corazón, los que colocan su bienestar personal sobre cualquier consideración de humana solidaridad y de humana
justicia.

Property was to be distributed according to needs and all were
to contribute to production except the young, the aged and the infirmed.
The organization of production either in agriculture or in industry
would be communal and according to free association. Then:

nos estrechemos todos en fraternal abrazo y celebremos
con gritos de júbilo la instauración de un sistema que
garantizará a todo ser humano el pan y la libertad.

Thus, during the initial phase of the Mexican Revolution, PLM
contributed most by propagandizing its utopian ideals, by its emphasis
on total equality, sexual and occupational, and by its polemical
criticism which urged people to avoid personalist politics and by
making public evaluations from which people could judge which
elements faithfully advanced the goals of the Revolution.

Significantly, it called attention to the contradictory elements
within the Revolution: bourgeoisie liberals, workers, and campesinos,
and how this affected the revolutionary process. *Regeneración* pointed
out that the Villista and Zapatista movements encompassed the

revolutionary social forces within the Revolution and Carranza and Obregón the moderate liberals and conservative bourgeoisie. PLM analyzed early that the Revolution was creating self-interests that impeded further radicalization. On the other hand, politically and economically, it was disconcertingly naive and shallow, even by the standards of the day. Its economic ideas were slogans and inductions, and not analytical or viable. Politically, the beliefs in spontaneous united action and intuitively revolutionary correct action on the part of millions were again exhortations and not a viable program for revolution. Much of the writings exhibited a romantic notion of man, as if man once released from shackles, *immediately* became a *new* man. But then PLM and Ricardo Flores Magón were victims of their idealism as often as they were victims of their opposition. The 1910 PLM offensive was a case in point.

1910

With *Regeneración* as the organizing rap-sheet, steps were taken in 1910, to reconstitute elements of the party for armed efforts in México. Recruiting was made difficult because of the previous dispersal of members among Anglo radical organizations, past failures and arrests, and the fact that other groups in México were appealing to the opposition against Díaz. PLM organizers tried mightily to avoid confusion between it and other opposition parties, but to no avail.[117] Co-optation of their membership took place. Despite these problems, PLM groups were once again mobilized in southern México and along the border in Tejas and Baja California. Coordination was faulty and success uneven. Nonetheless, even in 1910, it was the PLM groups that took action first. A target date for the initiation of action was set for September and then changed to November 20, 1910, to coincide with the uprising called by Francisco I. Madero. On the field there was much confusion amongst PLM adherents as to whether there was agreement with the Maderistas.[118] Leaflets appeared announcing the ticket of Madero as President and Flores Magón as Vice President, countless volunteers believed it and joined Maderista contingents. In September and October, in the mountains of Veracruz, groups led by Candido Donato Padua, Hilario C. Salas, and the outlaw Santana "Santanon" Rodríguez Palafox engaged government troops.[119] They suffered reverses and were dispersed but not annihilated, and eventually joined Maderista groups.

Praxedis Guerrero, Lázaro Alanís and Prisciliano G. Silva, veteran organizers, assembled men in Tejas for the assault. In December, PLM, while flying the Red flag, attacked towns along the border, often successfully. On December 30, 1910, Praxedis Guerrero was killed in the fighting for the town of Janos, Chihuahua.[120] His death was an irreplaceable loss for no other member of the PLM group combined his qualities: charisma, modesty, political and military ability, sensitivity, radical idealism, and unflinching courage. Silva, after some significant successes, was induced by Lázaro Gutiérrez de Lara to aid Madero who was wandering in the desert. Silva agreed and gave supplies to Madero.[121] However, Silva told Madero he was not fighting for presidential candidates nor political reforms. Madero arrested him and disarmed his men. It was a betrayal never forgotten by PLM loyalists. *Regeneración* headlines denounced, "Madero es un traidor a La Causa De La Libertad."[122] Thus, the 1910 offensive resulted in success but also in dissension.

Baja California was also a target of the border offensive of 1910–1911.[123] If one considers the general principles of PLM and the circumstances of the time, the Baja California incident is understandable. Ideological beliefs and realistic analysis that it could be done led to the Baja California raid. However, it is clear that it was not only one more failure for PLM, it was a major political mistake.

Anarchism, as propagandized by PLM, rejected bourgeoisie nationalism and international boundaries. It considered class divisions, or, from another perspective, class solidarity, as superseding "patriotism." Further, it argued that the Mexican people had as yet no "patria" because México was a property owned by foreign monopolies. It was the government that had betrayed the fatherland by granting economic concessions. In regard to the participation of non-Mexicans in its efforts, it pointed to the principles of revolutionary class solidarity, its rejection of any form of racism and simply stated that "it is not necessary to be born Mexican to fight for Mexican liberty."[124]

Strategic factors also influenced the decision to attack Baja California. Baja California, because of isolation and sparse population, was a political vacuum unlike almost all other parts of México where there existed competing efforts at establishing local political revolutionary hegemony. Further, an attack in Baja would be a direct assault on the holding of the foreign companies. Baja also was easily accessible by land and sea. Strategically, the Baja California effort was conceived as a means for securing a base for extending Revolution to other parts of México, and for establishing a model for anarchist society; an attempt at "propaganda of the deed," a concept so dear to anarchist thinking.

As a result of earlier discussions, supplies and men were gathered during the winter of 1910 for an armed effort directed at taking control of Baja California.[125] The Porfirista authorities would be displaced and property and land immediately redistributed. Of a total of 500 men, one hundred were foreigners, mostly "Wobblies," including such radicals as Joe Hill and Sam Murray. Press coverage emphasized the foreign volunteers distorting the degree of their participation.[126] On January 20, 1911, Mexicali was attacked by PLM forces led by José María Leyva and Simón Berthold, the latter described by the *L.A. Times* as a "trouble maker" and "notorious red."[127] This, as well as other scattered actions, such as the capture of Tijuana, were temporarily successful. However, within a short time, factionalism undermined the unity of the armed contingents. Another factor in their downfall was that the leadership was unstable due to many deaths on the battlefield, desertion and co-optation.

To combat PLM from within the Chicano community, consular agents instigated organizing efforts among lumpen and middle class reactionaries. The consuls functioned as projections of the Mexican state in the Chicano community. Particularly resourceful were consuls Antonio Lozano in Los Angeles, J. Díaz Prieto in San Diego, California, Angel Aguilar in Clifton, Arizona, and Enrique de la Sierra in Caléxico. Lozano claimed that in Los Angeles there were "twenty Mexican patriots to one revolutionist." In Denver the consul reported 3,000 volunteers.[128] In San Diego, over $10,000 was contributed to combat PLM.[129] One group of Mexican Americans adopted an unsurpassable name, "La Sociedad de Defensores de la Integridad Nacional."[130] Street fighting took place in San Diego and Los Angeles between pro- and anti-PLM Mexicanos. With impunity, consular agents held meetings, raised money, and recruited volunteers to defend the government effort in Baja California. Deliberate distortions by the *Los Angeles Times* and Hearst Newspapers coupled with the actions of the consuls made the campaign of deception and defamation the most successful ever directed at a Chicano-Mexicano group. To this day many persons sincerely believe that PLM and Flores Magón were traitors.

Others saw possibilities in the Baja California incident. At the initial stages, the Díaz officials, both military and civilian, considered the

PLM forces as simply *revoltosos*. In March, upon realizing the propaganda value, they were described as *filibusteros,* a description that has anti-nationalist connotations.[131] Díaz, not about to pass up a good thing, in his state of the union message cynically repeated the charge that they were foreigners and used the issue to garnish nationalistic sentiment in support of his government.[132] It was an example of how nationalism can be exploited for counter-revolutionary as well as revolutionary purposes. In the United States, interested parties also tried to take advantage of the situation. Some U.S. politicians, encouraged by financial interests, urged annexation of portions of México.[133] A charlatan entrepreneur named Dick Ferris, perhaps in league with Harrison Gray Otis and Harry Chandler, tried to encourage a secessionist move in Baja California thereby taking advantage of the PLM activities.[134] Ferris was arrested in Tijuana by the PLM troops, his banner burned, and he was escorted across the border. After the resignation of Díaz in May, 1911, the PLM troops continued to hold parts of Baja. Federal troops were moved in, and in a series of engagements during June, 1912, recaptured the area for the central government now headed by Madero.

The Baja California incident fitted what was by then the established PLM pattern. They could engineer an effort but their lack of organization and discipline, coupled with extreme ideals and romantic notions, resulted in their being used and destroyed. The Baja California effort contained all these and more. In this case they were unfairly stigmatized as traitors by many Mexicans, a charge that hurt them more grievously than their casualties or imprisonments. They lost legitimacy among Mexicanos and Chicanos. They also suffered arrests in the affair. As a result, at crucial times during the initial armed phase of the Mexican Revolution the PLM leadership was in jail and much of the remaining energy was devoted to legal defense.

On June 14, 1911, *Regeneración* was raided, files were confiscated and Ricardo Flores Magón was arrested along with Enrique Flores Magón, Librado Rivera and Anselmo Figueroa.[135] The day before the raid the Junta had been visited by emissaries of Madero, no less austere than Jesús, the oldest of the Magón brothers, and ex-member Juan Sarabia.[136] They offered a deal. They were thrown out of the office. The next day Junta members were charged with conspiracy to organize armed expeditions from the United States territory against a friendly nation. Bail was set at $2,500 (some sources state $3,500);

it was successfully raised as part of the legal defense effort.

The organization around the issue of the arrest was varied and had much impact.[137] It was led by María Talavera, Blas Lara, and Francisca J. Mendoza. There were contributions also from John F. Turner and Ethel Duffy Turner, Joe Hill and, especially, the I.W.W. The aid of the I.W.W. was doubly welcomed at this time because, in addition to the judicial proceedings, Flores Magón was being heavily criticized ideologically by some Mexican, European and United States socialists and anarchists.[138] John F. Turner contributed significantly as a publicist and organized the "Hands Off México Committee." Job Harriman was again the defense attorney, but since he was in the middle of his famous campaign for the office of Mayor of Los Angeles on the Socialist ticket, most of the legal work was done by William Andrews.[139] In addition to obtaining funds and legal aid PLM organized a propaganda effort directed at the Chicano community which in part had been confused by the Baja California incident and the PLM split with Madero. The women, Francisca Mendoza and Concha Rivera, assisted by Blas Lara, were effective in swaying Chicano public opinion. One of their forums was the Placita de Los Angeles where they spoke almost daily and raised money. This work showed results in the presence of extraordinary crowds at the trial.

For the prosecution, the case was prepared by Assistant Attorney General Dudley M. Robinson.[140] Because of the politics involved and the notoriety of the indicted, it was a case that could do much for a successful prosecutor. Robinson apparently did not leave matters to chance. Men were assigned to track down individuals who in any way could be connected with the PLM leadership and the events of Baja California. The prosecution preferred as potential witnesses persons on whom they had or could have leverage, for example, persons who could be subject to a possible charge or who were actually already in jail. According to Ethel Turner and to later affidavits, the prosecution intimidated or induced witnesses to give false testimony and even coached them in their testimony.[141]

When the trial opened in Los Angeles in June of 1912, the courtroom was filled with Chicanos wearing the buttons and red bands of PLM.[142] They crowded the corridors and spilled onto the sidewalks. The authorities attempted to limit the crowds by various means, all blatantly illegal. The trial was hardly fair. Jack Mosky, an ex-military commander of PLM forces and well known radical, was to be the chief prosecution witness. The prosecution felt that they could depend on him since he was in jail and several charges were pending. He was promised release. They did not judge well, for once Mosky was on the stand he stood up and before the crowd and judge, denounced the conspiracy of the prosecution and reaffirmed his revolutionary beliefs.[143] It was an act of nobility and courage, but he was, of course, dismissed from the stand and his testimony disregarded. Shortly thereafter Jack Mosky was killed by guards while allegedly "trying to escape."

The trial lasted three weeks; the perjured testimony of prosecution witnesses was accepted.[144] On June 22, a verdict of guilty was reached. The accused were sentenced to 23 months at McNeil. On that day the crowds numbered thousands, and Francisca Mendoza and Blas Lara spoke to them. On hearing the verdict, the people protested and the police came into the crowds swinging clubs on women, children and men.[145] Street fighting immediately broke out as Chicano PLM members and I.W.W. Anglos fought the police. Forty persons were arrested. The Chicano demonstrations at this trial were not surpassed until the protest against the arrest of the "Los Angeles 13" in 1968. The public support during the trial was evidence that the efforts of the PLM spokesmen and the ideals presented in *Regeneración* had reached a wide audience in Los Angeles.

From 1902 to 1911 Ricardo Flores Magón and the Partido Liberal Mexicano were at the height of their popularity and activity, thereafter there was a decline in both aspects. *Regeneración* was irregularly published and its distribution waned. Its distribution in México continued to be hampered. Distribution relied on the clandestine efforts of railroad workers or on mailing it inside of Sears Roebuck catalogues whose center pages had been cut out. Though for a while its distribution had been 20,000, its financial situation by 1913 was such that often only a few copies were printed. The *Regeneración* staff in 1913, was, intermittently, Blas Lara, Teodoro Gaytan, Francisca Mendoza, William G. Owen, Rafael Romero Palacios, Rómulo Carmona and Antonio de P. Araujo.[146] They worked long hours and through the weekends, cutting expenses by living together and by renting cheap single dwellings.

Regeneración and PLM activities in Los Angeles were transferred from Fourth Street to 914 Boston Street. The new base was a large brick building that had an ample meeting hall plus several offices and living quarters. It was named La Casa del Obrero Internacional and was managed by Rómulo Carmona. For a year La Casa was a center of social, labor and political action for Chicanos and others, and as a result it was attacked by the *Los Angeles Times*.[147] The building, however, became one more point of contention among the factions and individuals in PLM as each sought to control it.[148]

Parallel to the positive aspects of the internal dynamics of PLM there existed negative ones. Factionalism, ideological and personalist, was noticeable from 1904 to the time of its demise. In retrospect, the weakening of the organization (which affected the realization of its goals) was a result of the inability to mediate its internal and external conflicts. Obviously all parties shared responsibility. The gradual consequence of the continuing splits probably was never fully reflected upon by Flores Magón and his most loyal adherents. They may well have felt in each separate case that they were fully in the right and that the loss of the collaboration of one single person or several, or a group, was inconsequential. This may have been correct for any single case at the moment, but the cumulative effect of the many splits was fatal to the momentum and strength of the organization. This stands out when the observer considers the wealth of talent and leadership and the many elements of political support present in the early phase of activity as compared to the situation of the last years. Among former adherents of PLM who split but continued their leftist orientation were Juan and Manuel Sarabia, Rómulo Carmona, Antonio I. Villareal, José María Leyva, Gutiérrez de Lara, and the Spanish-speaking section of the I.W.W. in Los Angeles. However, collaboration with other I.W.W. members was continuous. Some of these splits were deeply ideological and could not be mediated; however, others could have been resolved. Though the most generous and self-sacrificing of compañeros, Flores Magón was not easy to work with; he was only slightly less demanding on others than he was on himself.

By 1913, the Magonistas were weak and increasingly isolated and their leadership was in jail. In México, President Madero had been assassinated during an army coup headed by Victoriano Huerta. The forces opposing Huerta were those of Villa, Zapata, Obregón and Carranza.[149] Though the years 1912–1913 present a relative lull in PLM action, there was one armed effort. The men who participated were to be known as "Los Mártires de Tejas." The "Mártires" were a guerrilla organized by the steadfast veterans Fernando Palomares and Jesús Rangel, who had been released recently from the penitentiary.[150] In proper PLM tradition, they no sooner had been released than they again began organizing.

On September 11, 1913, fourteen men led by Rangel tried to cross the border near Carrizo Springs, Tejas. While still on the United States side, they camped. Three United States patrolmen approached the group. The patrol, of course, had to be captured. There was neither intention nor need to harm the patrolmen. However, one of the patrol, coincidentally a man of Mexican descent, scuffled, drew a gun, fired and killed Silvestre Lomas, one of the guerrillas. In the resulting shoot-out the patrolman was killed. Within a relatively short time a United States posse surrounded the guerrilla, taking the men into custody, but not without a fight. During the shooting, Juan Rincón, a young man still in his teens who had worked in the *Regeneración* office, was killed. The men were tried for the murder of the patrolman and despite the circumstances received sentences ranging from 25 to 99 years.[151] Of those sentenced, two died in prison, several escaped and six served time until pardoned. The case became a Chicano and radical issue around which much activity was organized. In the year that the issue unfolded, Ricardo Flores Magón was released and it was among the first subjects on which he spoke.

V.
El
Degüello

Photo. Memorial Services for Ricardo Flores Magón,
workers' guard of honor, union banner.

In the midst of
winter I finally learned
that there was in me
an invincible summer.
Camus

Upon leaving McNeil that January 19, 1914, Ricardo Flores Magón was as undaunted as ever. In Los Angeles, soon after arriving at a meeting, he stated:

> Heme aqui entre vosotros una vez mas despues de uno de mis acostumbrados viajes al presidio . . . revolucionario me despedí, y revolucionario vengo.[152]

The period from 1914–1916 was the Indian summer of the autumn of his life as an organizer. He was 41 years old. The ambiente in México and the United States was considerably different from that of 1908. Politically, 1914 presented not the rising crest of a growing movement but the treacherous back waters of unfulfilled aspirations. The composition of the Chicano community had changed; up to 1911 emigrants came because of the deprivation and/or oppression of a dictatorship, after 1911 emigrants came because they were displaced by the "Revolution." By 1914 PLM had shrunk to the immediate circle around Flores Magón. The other remaining faithful organizers were imprisoned. *Regeneración* was moribund and its circulation had fallen greatly. In fact, there was no organization left in the Southwest or in México. So Ricardo Flores Magón decided for the first and last recourse of the activist, propaganda. It was his most productive period and perhaps the happiest.

The politics of the Chicano and radical communities being impossible, and *Regeneración* temporarily suspended, the PLM group decided to move to a farm at Edendale, California, then a rural area.[153] They were to practice among themselves some of their ideals. Men, women and children moved to a small site of five and a half acres, rented for $25.00 a month. There they lived and worked communally, raising chickens and growing vegetables and fruits which they sold for money to be used as partial support. Some had outside jobs and contributed their earnings to the common pot. They were happy. Political work continued. PLM was now defined as "Unión obrera revolucionaria." Flores Magón spoke publicly at such places as Santa Paula, El Monte, and of course, Los Angeles. Efforts were made to keep alive the issue of the "Mártires de Tejas." It was during this time that Ricardo Flores Magón wrote the drama *Tierra y Libertad* and many of the beautifully tender didactic essays and dialogues found in *Sembrando Ideas* and *Rayos de Luz*.[154] Some of the essays were intended for campesinos while others were intended for young readers. It was in Los Angeles that *Tierra y Libertad* was first staged on December

15, 1915.[155] The idyll did not last. On February 28, 1916, Ricardo and Enrique Flores Magón were arrested.[156] During 1915 *Regeneración* was once again publishing as stridently as usual. It denounced the genocide of Chicanos in Tejas, critically analyzed the hypocrisy of the policies of Carranza, and publicized the degree of Wall Street control over México despite the "Revolution."[157] It was a result of these criticisms that they were arrested on charges of defamation and sending indecent material through the mails. The irony escaped the police. Bail was set at $3,000. Emma Goldman and Alexander Berkman stirred publicity.[158] Two elderly anglos offered the bail, but instead it was raised through donations. Ricardo Flores Magón continued to write. He was sentenced to one year at Leavenworth beginning in March, 1916. He appealed and secured bail. Upon his release he began organizing and propagandizing again.

PLM was associated with one armed effort in 1915, the Plan de San Diego. The plan called for an uprising of Chicanos on February 20, 1915, and the establishment of an autonomous republic comprising the lands annexed by the United States government in 1848. Chicanos responded. Guerrillas, los sediciosos, enjoying some popular support operated in south Tejas under Aniceto Pizaña and others. Activity lasted through 1915. The Plan, because of its premises and the organized armed action, may be viewed as a high tide in the Chicano irredentist current.

PLM involvement was indirect and the attitude of Flores Magón to it uncharacteristically ambivalent. It can be deduced, as was actually the case, that ex-Magonistas were among the sediciosos. South Tejas was an area propagandized and organized by PLM for several years. Dr. Américo Paredes has recorded testimony by Eduardo Manzano, delegado especial of PLM to south Tejas, which partially explains the ambiguities of PLM vs. the Plan de San Diego. Eduardo Manzano recalled that PLM, even after 1910, persisted in efforts to organize armed forces in south Texas through 1912. Possibly among others, Aniceto Pizaña was a PLM contact and *Regeneración* contributor. Over time Pizaña had been sent monies for arms, horses and recruitment; he consistently asked for more and with each further demand promised results. Nothing resulted. Communication between PLM and Pizaña stopped. Manzano was sent by Flores Magón to investigate and reported that Pizaña had kept the money for his own purposes. Flores Magón in "Los levantamientos en Tejas" did not endorse the Plan de San Diego, rather he denied its existence; he denounced the murder of Chicanos in the state, critically described the social and economic conditions and defended the right of armed defense.

> On the third of December, 1916, Flores Magón spoke: Camaradas, Salud!
>
>   . . .
>
> Preparemos nuestros corazones para cuando llegue el ansiado momento de romper, al fin, nuestras cadenas en los craneos de nuestros verdugos.[159]

It was rhetorical defiance, for whatever radical spirit there had been in the United States was chilled by the winds of World War I. By 1916, the time for Revolution had come and gone. In México, he did not have much of an audience left or even a forum for developing an audience. The last numbers of *Regeneración* were two pages, and it had lost its mailing privileges. Even the Post Office box had been withdrawn. However, Flores Magón still had the ability to project ahead of his time radical concepts and to verbalize a utopian vision. Flores Magón, like Lenin, was among the few international militants not to become confused by the surface issues of World War I. Rather than as interregnum in revolutionary activity he saw it as the most propitious of times for revolt against the bourgeoisie.[160] He pointed out that the workers had no interests in a war among imperialists and he analyzed for whom and for what World War I was being fought. Ricardo viewed World War I as signalling the break up of the old order and ushering in a period of instability. In 1917, he was taking a new direction; the consequences, however, would be the same.

The last manifesto was published on March 16, 1918.[161] It was addressed to the "Workers of the World." It was an exhortation to be firm in revolutionary faith, a call to idealism. The manifesto stated that civilization was quickly passing from one stage to another:

> Compañeros, el momento es solemne; es el momento precursor de la mas grandiosa catástrofe política y social que la Historia registra: la insurrección de todos los pueblos contra las condiciones existentes.[162]

Rather than the violence that had been part of the tone of previous statements, this manifesto emphasized the creative humanitarian aspect of the Revolutionary. The primary task was to prepare, to seed, to educate:

La única capaz de convertir a todos las patrias en una
sola patria grande, hermosa buena, la patria de los seres
humanos, la patria del hombre y de la mujer con una sola
bandera: la de la fraternidad universal.[163]

It was la canción de despedida for *Regeneración* and the PLM group:
the last two issues were those of February 9 and March 16, 1918,
the latter featuring the manifesto. Ricardo Flores Magón and Librado
Rivera were charged under the Espionage Act; the allegation was
that they were hindering the war effort with their ideas. They were
arrested on March 18, 1918. Bail was set at $50,000 and $15,000
respectively. María Talavera was also arrested and held for five
months then released without trial. These arrests were part of a large
scale effort by the federal government directed against radicals and
dissenters.[164] The Mexicano radical suffered at the same time the
same fate that many other dissenters in the United States faced.
Flores Magón and Rivera were sentenced to 20 and 15 years respectively and fined $5,000 each.[165] Clearly it was a political charge and
a violation of basic freedoms guaranteed by the Constitution: no overt
act was involved. Years later, in 1923, Representative George Huddles-
ton was to say as much on the floor of Congress.

Almost immediately after the arrests, a defense effort began and
continued through 1922 which involved both Mexicans and others
and took place in the United States and México.[166] Success was
uneven; the exhorbitant bail was not raised and the prisoners were
not released. At the other level of the defense, that of political education, there was initial disappointment. Public reaction or empathy
was low in relation to the nature of the charge, the travesty of the
procedures, or in comparison to what had been the case at the other
trials. In time, however, the publicity on the Ricardo Flores Magón
case left an imprint on the consciousness of Chicano workers and
stirred the Sindicatos in México to action. As the education took
place, greater numbers became aware of the ideas and contributions
of the Partido Liberal Mexicano and its position in the spectrum
of Mexican politics. Mexicans gained a better appreciation of Ricardo
Flores Magón, what he had initiated, urged and forewarned. Was
there not a contrast between his abnegation, sacrifice, the society
he envisioned, and the assortment of "Revolutionary" leaders, their
actions, and the corruption of the "Revolution"? Ricardo Flores
Magón was gradually re-awarded his previous stature by the masses.

The "Revolution," however, had been fought and its future direction by 1920 had already been set.

VI.
La
Ultima
Llamada:
Acacia

Me gustan los estudiantes
    porque son la levadura
del pan que saldrá
        canción Chilena

Were his last days bitter soliloquies of self reproach? Viewed harshly, the balance sheet was clear—failure. During the period 1919–1922 there was no repentance, rather prison afforded solitude, enabling Flores Magón to express two elements previously checked by the daily press of events: his humanism and aestheticism.[167] These were colored by undertones of pathos and utopianism. The former may have been a reflection of a sense of alienation from his life's work, a result of the enforced isolation of prison and knowledge of the course of the "Revolution" in México. He wrote to Ellen White thanking her for encouraging letters:

> Me siento tan deprimido que necesito esa clase de apoyo moral [letters] mi triste ambiente me hace pensar que no soy hombre sino una cosa . . . Aguila sin alas, ¡ay! y sin garras, ya no me queda mas que soñar.[168]

Intimations of pathos could also have been a result of his increasingly poor health. He suffered continuous colds, a bronchial condition, headaches, rheumatism and was losing his sight. To a man of his energy and commitment, failing health must have been depressingly frustrating. Nonetheless, his interest in revolutionary organization persisted.

Parallel to the stronger stress on ethical, aesthetic content, there was frank advocation of pragmatism in tactics:

> . . . estamos obligados a tratar con realidades, con lo que es, no con lo que pudiese ser.[169]

Specifically, Flores Magón rejected internecine conflict within the left; he had learned what the results were. Now he urged broad operational unity amongst political groups and individuals who had similar aspirations rather than strident individualism or purism. Flores Magón saw greater value in teaching and in conscious politicalization and moved away from the endorsement of intuitive action and "intuition" as *the* political chemistry:

> La educación es una de nuestras grandes tareas, y necesitamos palabras, palabras y mas palabras. No es necesario creerse uno artista para intentar la tarea, lo que se necesita es expresar con sinceridad lo que se siente y se piensa, de modo de infectar a los demás con el mismo sentimiento y pensamiento.[170]

However, he reiterated that though one must prepare the ground, Revolution involves a leap, "el salto" in "el acto."[171] In line with these general ideas he explicitly advised working through revolutionary unions, formal organizations which he had previously opposed and rejected.[172] Unions would be the mechanism for carrying out activities during and after the Revolution. He granted greater value to strikes and other gradualist tactics. Flores Magón was, toward the end of his life, closer to Anarco-syndicalism than to Anarco-communism.

Though there were shifts in tactical emphasis, the ideological underpinnings remained the same. A strict sense of revolutionary righteousness continued; he particularly singled out "los esquiroles" for condemnation. He included in that term not only the strikebreakers but all elements who function counter to the revolution, who stand out by their lack of solidarity, who through subtle and seductive arguments invariably rationalize compromise; the legislator, the professor, the minister, etc., all who strengthen enslavement. But, he expanded, "Nuestra tarea es humanizar al esquirol."[173] In prison his humanism blossomed like a night flower. "Soy internacionalista," he affirmed.[174] Rejecting racism he confessed:

> No aconsejo a los pueblos de las diferentes naciones que se hagan la guerra unos a los otros. Mi evangelio es de amor y paz y buena voluntad. No hay para mi hombres blancos, negros, amarillos o bronceados, ni cristianos, mahometanos, budistas, etc., sino hermanos.[175]

The concept of progress was still key, as were his ideals, his revolutionary optimism, and his faith:

> Soñando como siempre, en un futuro de amor, fraternidad y paz. ¡Un futuro que se acerca mas cada día!
>
> . . .
>
> Asi es que no perdamos la cabeza ni nos sumergamos en la desesperación.[176]
>
> . . .
>
> Tengo una gran fe en el progreso, porque el progreso es una ley natural asi el mismo tiene que afirmarse. No hay poder capaz de estrangularlo.[177]
>
> . . .
>
> La vida desenvuelve nuevas formas cada vez mas hermosas.[178]

Ciudad de la Paz was the name he gave to his utopic vision of the future.[179] It was the dominant theme of his letters. They were eulogies to beauty and to the ideal society as they weaved political commentary, ethics and aesthetics. A glimpse of his vision was expressed in a moving reply to a letter of solidarity from the Sindicato de Obreros Panaderos de San Luis Potosí.

> El saludo de estos hermanos [el sindicato] ha llenado mi corazón de esperanzas, de esperanzas en ese futuro en que sueño, cuando cada uno sea su propio amo, y cuando el único código de leyes, que gobierne las relaciones entre los seres humanos esté contenido en estas simples palabras "No hagas a otro lo que no quieras que hagan a ti."[180]

This last phrase stated the axiom for rational freedom, and was again stated in his last letter dated November 19, 1922: "Haz a otro lo que quieras que se haga a ti mismo."[181] Solidarity, the expression of comradely love, was the value dictating social relations. Experience, not only ethical speculation, indicated this. Flores Magón acknowledged its scarcity and wrote:

> ¡Es tan rara virtud la solidaridad! . . .
> Para mi la solidaridad es la virtud de las virtudes . . .
> La solidaridad es esencial a la existencia, es condición de la vida . . .
> La solidaridad es fuerza . . .
> La solidaridad es progreso pues la vida significa evolución, y la solidaridad es condición de la vida. La solidaridad es harmonía, cooperación entre los seres humanos.[182]

Commenting on art and literature, he touched on the aesthetic dimension of politics. "Quiero que todo sea bello, en armonía con la naturaleza." On art he stated:

> Eso "del Arte por el Arte mismo" es un absurdo y sus defensores han crispado siempre mis nervios. Siento por el Arte tan reverente admiración y amor que me lastima verlo prostituido por personas que no teniendo el poder de hacer sentir otras lo que ellas sienten ni hacer las pensar lo que ellas piensan, ocultan su impotencia bajo el mote de "El Arte por el Arte mismo . . ."[183]

The writings of these years give testimony to the greatness of his spirit which could not be oppressed even in Leavenworth.

By the summer of 1922, public pressures to free Flores Magón were affecting both the governments of the United States and México. Each government, for separate reasons, may well have been uncomfortable. Anglo liberals and radicals continued to write articles that kept the plight of the prisoner before the public and continued to pressure the U.S. Attorney General and the President.[184] Other radicals arrested under similar charges during World War I were granted pardons, but not the Mexicans. The lawyer, Harry Weinberger, continued to press Flores Magón's case stressing the health of the prisoner and the unfairness of his imprisonment.[185]

In México, actions were more direct. Various political figures, tireless PLM adherents, several sindicatos, some state legislatures, the Young Communist League and the Partido Comunista Mexicano pressured the regime of Alvaro Obregón to take steps to secure the release of all Mexican political prisoners in United States jails.[186] Trying to get off the hook, the government offered a pension. It was refused.[187] The workers, in an action that must have filled the Mexican government with foreboding, engaged in sporadic work stoppages along the ports of the Atlantic and Pacific, explicitly as protest action on behalf of Flores Magón.

On the morning of November 21, 1922, Ricardo Flores Magón was found dead in his cell; a cardiac attack said the prison doctor.[188] Four days earlier Rivera had been moved from his assigned cell to one further away from that of Flores Magón. Rivera reported that there were dark marks around Flores Magón's neck area and a contortion of the features as if in struggle before death.[189] Shortly thereafter José Martínez, Chicano and devoted admirer of the Mexican organizer, killed, with a self-fashioned knife, A. H. Leonard, head of the guards and suspected by the Chicano inmates as the party responsible for Flores Magón's death.[190] José Martínez was killed in the act by other guards.

At first, his compañeros wanted to bring the body of Flores Magón to Los Angeles for burial. Money was raised through donations and he was brought to Los Angeles where he laid at the Briese Funeral Parlor on South Figueroa. Thousands of Chicanos paid their respects.[191] Fernando Palomares and María Talavera argued that he should not be buried in the United States but in Mexican soil. However, true to Anarchism, Mexican government aid was rejected. The sindicatos were asked and the workers agreed to handle the transport of the body. Thus, Ricardo Flores Magón was to cross the border again, but none of those that crossed the border with him the first time were with him now.

During January the dark funeral train weaved its way across México carrying the body of Flores Magón covered with the Red and Black flags and with bright flowers.[192] The land and the people he wanted to see free received him well. At each town crowds formed to meet the train and often the coffin was shouldered through the streets. Politicians took the opportunity to make speeches. At México City the demonstration was enormous and the Marseilles and the Internationale were sung.

Today he is buried at la Rotunda de Hombres Ilustres in the Panteón de Dolores. His name is written in gold letters in a place not far from where he was first arrested as a student demonstrator.

Hermanos: ruego a ustedes que se conviertan en estrellas.

. . .

Mientras haya sobre nuestra tierra un corazón adolorido o un ojo lleno de lágrimas mis sueños y mis visiones tendran que vivir!

. . .

Tenemos que crear un mundo de bellezas, en donde sean desconocidas las lagrimas y las cadenas.

. . .

Los que amamos la Belleza queremos Libertad o Muerte.[193]

Notes

1. The best biographical works on Flores Magón are: Ethel Duffy Turner, *Ricardo Flores Magón y el Partido Liberal Mexicano* (trans. Eduardo Limón G., Morelia, Michoacan: Editorial Erandi, 1960), and Diego Abad de Santillán, *Ricardo Flores Magón: el apostol de la revolución social mexicana.* For other biographical literature consult the bibliography. Most of the writings on Flores Magón are polemical, either laudatory or scurrilous. The best treatment available describing his political partici- pation in the Mexican Revolution is: James D. Cockcroft *Intellectual Precursors of the Mexican Revolution* (Austin, Texas: University of Texas Press, 1968). Valuable insight into his intellectual evolution are: Eduardo Blanquel, "El pensamiento político de Ricardo Flores Magón," (Tesis, Universidad Nacional Autónoma de México, Facul- tad de Filosofía y Letras, 1963) and Jerónimo Muñoz Rosas, "La ideología de Ricardo Flores Magón, exposición y estudio de sus orígenes teóricos" (Tesis, Universidad Nacional Autónoma de México, Facultad de Filosofía y Letras, 1965). For an incantation of the love relationship between Flores Magón and María Brousse Talavera see the books of José Muñoz Cota and Abelardo Ojeda listed in the bibliography. For U.S.-Mexican international relations, see Daniel Cosio Villegas, *El Porfiriato, Política Exterior,* Vol. II (México, D.F.: Hermes, 1963), pp. 251–475.

2. For a comparison of Flores Magón with two other intellectuals of the period see: Juan Gómez-Quiñones, "Social Change and Intellectual Discontent: the Growth of Mexican Nationalism" (Ph.D. dissertation, UCLA, 1972), pp. 98–154.

3. *Regeneración,* May 16, 1910.

4. Manuel González Ramírez, *Epistolario y textos de Ricardo Flores Magón* (México, D.F.: Fondo de Cultura Económica, 1964), pg. 17.

5. Gonzálo Aguirre Beltrán, ed., *Ricardo Flores Magón, Antología* (México, D.F.: Universidad Nacional Autónoma de México, 1970), pg. x.

6. For this period in United States history consult the following: Robert H. Bremmer, *From the Depths: The Discovery of Poverty in the United States* (New York: New York University Press, 1956); Samuel P. Hays, *The Response to Industrialism, 1885–1914* (Chicago: University of Chicago Press, 1957); Ira Kipnis, *The American Socialist Movement, 1897–1912* (New York: Columbia University Press, 1968) and Robert H. Wiebe, *The Search for Order, 1877–1920* (New York: Hill and Wang, 1967).

7. Documentation for this is ample in the following archival collections: Asunto Flores Magón, Archivo, Secretaría de Relaciones Exteriores; Department of Justice, Record Group 60, National Archives; Department of State, Record Group 59, National Archives; and Silvestre Terrazas Collection, Bancroft Library, University of California, Berkeley. The best source for information on activities within the Chicano community is that of the Secretaría de Relaciones Exteriores. Also useful is the local news and letters to editor sections of *Regeneración.* The general profile of PLM activities in the Southwest has been known and available for many years, at least to researchers. Information may be gleaned from the following printed sources: Ethel Duffy Turner, *Ricardo Flores Magón y el Partido Liberal Mexicano;* Diego Abad de Santillán, *Ricardo Flores Magón;* Manuel González Ramírez, *Epistolario y textos de Ricardo Flores Magón,* the biographies of Praxedis Guerrero, Juan Sarabia, Antonio Villareal

listed in the bibliography as well as the scattered writings of Enrique Flores Magón and other participants. Nicolás T. Bernal and Ethel Duffy Turner always emphasized this in conversation. Consult the "Published Writings" section of the bibliography. Recently a fine dissertation has been made available: Ellen Howell Myer, "The Mexican Liberal Party, 1903–1910" (Ph.D. dissertation, University of Virginia, 1971). Cosio Villegas provides information on the diplomatic maneuvering concerning PLM. Importantly, he pointed out the valuable information in the Mexican and U.S. archives, particularly Record Group 59 in the latter.

8. For a history of anarchist movement and its intellectual development consult: George Woodcock, *Anarchism, a History of Libertarian Ideas and Movements* (Cleveland and New York: Meridian Books, 1962); G.D.H. Cole, *Socialist Thought* (4 vols., London: Macmillan, 1953–1960); Max Nettlau, *Anarchisten und Social-Revolutionäre* (Berlin, 1931); Rudolf Rocker, *Anarcho Syndicalism* (London: Secker and Warburg, 1938); George Lichtheim, *A Short History of Socialism* (New York: Praeger Publishers, 1970); Daniel Guerin, *Anarchism* (trans., Mary Klopper, New York, 1970). The literature on Anarchism is abundant; lately there have appeared reprints of standard statements on it and a number of new anthologies. There are also several bibliographies available. A good working initial bibliography of standard and contemporary anarchist writings is Nicholas Walter, "Anarchism in Print: Yesterday and Today," in David E. Apter and James Joll, *Anarchism Today* (New York: Doubleday, 1970), pp. 147–168.

9. Professor Eduardo Blanquel has said that anarchism has defined itself best in the polemics against Marxism. For Marxist critiques consult Karl Marx, Frederick Engels and Vladimir I. Lenin, *Anarchism and Anarcho-Syndicalism* (New York: International Publishers, 1972); and G.V. Plekhanov, *Anarchism and Socialism* (Chicago, 1908).

10. George Woodcock, *Anarchism,* pg. 9.

11. For a good statement on this interpretation see: Alexander Berkman, *What Is Communist Anarchism* (New York: Dover, 1972).

12. Consult William Godwin, *An Inquiry Concerning the Principles of Political Justice and Its Influence on General Virtue and Happiness* (2 vols., London, 1793, facsimile of third edition with notes and introduction by F.E.L. Priestly, Toronto, 1946). Biographical studies are David Fleisher, *William Godwin: A Study in Liberalism* (London, 1951); Pierre Ramus, *William Godwin, der Theoretiker des Kommunistischen Anarchismus* (Leipzig, 1907); A.F. Rodway, ed., *Godwin and the Age of Transition* (London, 1952); and George Woodcock, *William Godwin* (London, 1946).

13. His most influential writings are available in English. For his complete works consult, *Ouvres Completes* (26 vols., Paris, 1867–1870). Biographical works are: D.W. Brogan, *Proudhon* (London, 1936); and George Woodcock, *Pierre-Joseph Proudhon* (London, 1956).

14. Consult: Peter Kropotkin, *The Conquest of Bread* (London, 1906); *Ethics: Origin and Development* (New York, 1924); *Fields, Factories and Workshops* (London, 1899); and *Mutual Aid: A Factor in Evolution* (London, 1902). Some biographies are: Fernand Planche and Jean Delphy, *Kropotkin* (Paris, 1948); and George Woodcock and Ivan Avakumov, *The Anarchist Prince: A Biography of Peter Kropotkin* (London, 1950).

15. Michael Bakunin, *Oeuvres* (6 vols., Paris, 1896–1914). For biographical studies there are: E.H. Carr, *Michael Bakunin* (London, 1937); and Eugene Pyziur, *The Doctrine of Anarchism of M.A. Bakunin* (Milwaukee, 1955).

16. See: Leo Tolstoy, *The Kingdom of God Is Within You* (London, 1894); *The Law of Violence and the Law of Love* (trans. L. Perno, London, 1959); and *Tolstoy's Writings on Civil Disobedience and Non-Violence* (New York, 1967). A good biography is Ernest J. Simmons, *Tolstoy* (Boston, 1946).

17. The best study on origins available is John M. Hart "Anarchist Thought in Nineteenth-Century México" (Ph.D. dissertation, University of California, Los Angeles, 1971). Data may also be gleaned from Antonio Escovedo Acevedo, "Periódicos Socialistas de México 1871–1880," *El Libro y el Pueblo,* Vol. 13 (enero-febrero, 1935), pp. 3–14; Manuel Díaz Ramírez, *Apuntes históricos del movimiento obrero y campesino de México, 1844–1880* (México, D.F.: *Fondo de Cultura Popular,* 1938); and Armando List Arzubide, *Apuntes sobre la prehistoria de la Revolución,* (México, D.F.: n.p., 1958).

18. Knowledge of the Spanish anarchist movements deepens comparative understanding of the Chicano-Mexicano experience. For the origins in Spain consult: Clara E. Lida, "Orígenes del Anarquismo español: 1868–1884" (Ph.D. dissertation, Princeton University, 1968). For the movement in the 1930's see: John Brademas, "Revolution and Social Revolution, a Contribution to the History of the Anarcho-syndicalist Movement in Spain, 1930–1937" (Ph.D. dissertation, Oxford University, 1953). Interesting insight into the woman's position and role in the Spanish Anarchist movement is provided by Temma E. Kaplan, "Spanish Anarchism and Women's Liberation," *Journal of Contemporary History,* Vol. 6, No. 2 (1971), pp. 101–110. For Latin American anarchism, see Miguel Jorrin and John R. Martz, *Latin American Political Thought and Ideology* (Chapel Hill: University of North Carolina Press, 1970), Chapter 6.

19. The term *porfiriato* is often used interchangeably with *porfirismo;* the former appears in Alfonso Reyes: *Pasado inmediato* (in *Obras completas*), Vol. XII (México, D.F.: Fondo de Cultura Económica, 1960), though the earliest use of the term of which I am aware in Enrique Pérez, *Causa y efecto* (Bogotá, 1910), which was a contemporary analysis of Latin American governments and which referred to the Mexican type of government and society as the *porfiriato.*

For insight into political as well as other aspects, see José López-Portilla y Rojas, *Elevación y caída de Porfirio Díaz* (México, D.F.: Librería Española, 1920); Ramón Prida, *De la dictatura a la anarquía* (2 vols., El Paso, Texas: Imprenta de "El Paso del Norte," 1914); José Ives Limantour, *Apuntes sobre mi vida pública* (México, D.F.: Editorial Porrúa, 1965); Antonio Manero, *El antiguo régimen* (México, D.F.: Tipografía "La Europea," 1911); and Ricardo García Granados, *Historia de México* (2 vols., México, D.F.: Editorial Jus., 1956)—all written by men who actively participated in government. For historical treatment, see José Valdes, *El porfirismo* (3 vols., México, D.F., 1941–1947). The most comprehensive study is of course Daniel Cosío Villegas, *Historia Moderna de México, El porfiriato* (6 vols., México, D.F.: Hermes, 1955–1970).

For biographical data on Díaz, see Porfirio Díaz, *Memorias* (México, D.F.: "El Universal," 1922); Salvador Quevedo y Zubieta, *Porfirio Díaz* (México, D.F.: Bouret, 1909) and *El Caudillo* (México, D.F.: Bouret, 1909); and Jorge Fernando Iturribarría, *Porfirio Díaz ante la historia* (México, D.F., 1967).

Though not helpful for political information (and granted that State of the Union messages follow a certain form), presidential messages do provide insight. See for the Díaz period the presidential and legislative statements contained in Vol. II of Cámara de Diputados, *Los presidentes de México ante la nación; informes, manifestos y documentos de 1821 a 1966* (5 vols., México, D.F.: Imprenta de la Cámara de Diputados, 1966); and México, *Informes y manifestos de los poderes ejecutivo de 1821 a 1904* (3 vols., México, D.F.: Imprenta del Gobierno Federal, 1905).

20. Samuel Kaplan, *Peleamos contra la injusticia: Enrique Flores Magón precursor de la Revolución cuenta su historia a Samuel Kaplan* (2 vols., México, D.F.: Libro-Mex, 1960), pp. 11–29. In this case there is other collaborative data, but generally the statements of Enrique Flores Magón must be taken with a grain of salt.

21. Eduardo Blanquel, "El pensamiento Político de Ricardo Flores Magón," pg. 56.

22. Librado Rivera in prologue to Diego Abad de Santillán, *Ricardo Flores Magón,* pg. xxiii; Blanquel, pp. 84–85. Several of his letters from Leavenworth attest to his life long interest in music and classical and contemporary literature.

23. *Regeneración* (México, D.F.), August 7, 1900.

24. *Regeneración* (México, D.F.), November 23, 1900.

25. *Regeneración,* June 23, 1901.

26. *Regeneración,* December 31, 1900.

27. *Regeneración,* April 15, 1901.

28. Librado Rivera in prologue to Diego Abad de Santillán, *Ricardo Flores Magón,* pg. x; Ethel Duffy Turner, *Ricardo Flores Magón,* pg. 22 and pg. 54.

29. *Regeneración,* July 31, 1901.

30. *Regeneración,* August 15, 1901.

31. See Blanquel, *El pensamiento político de Ricardo Flores Magón,* pp. 66–93.

32. For his recollections see the letter of Ricardo Flores Magón to Gus Teltch, April 28, 1921, in José Muñoz Cota, *Ricardo Flores Magón: El sueño de una palabra* (México, D.F.: Editorial Doctrimex, 1966), pg. 48. For newspaper accounts see, *El Universal* (México, D.F.), May 17, 1892, and *El Hijo del Ahuizote* (México, D.F.), April 10, 1892; see also Norberto Aguirre, "Ricardo Flores Magón: síntesis biográfico" (unpublished, mimeographed, México, D.F., 1966), pg. 1.

33. According to Enrique Flores Magón, Ricardo hid for six months at Pachuca, Hidalgo. Later all three brothers attended law school, worked in law offices and saved their money for the establishment of a newspaper. Samuel Kaplan, *Peleamos,* pp. 51–58; Ethel Duffy Turner, *Ricardo Flores Magón,* pg. 19.

34. *Regeneración,* August 7, 1900.

35. *Regeneración,* August 7–December 23, 1900.

36. *Regeneración,* December 31, 1900.

37. See letter of Antonio Díaz Soto y Gama to Ricardo Flores Magón, January 22, 1901, in Florencio Barrera Fuentes, *Historia de la Revolución Mexicana, la etapa precursora* (México, D.F.: Biblioteca del Instituto, 1955), pg. 43; Ethel Duffy Turner,

Ricardo Flores Magón, pp. 35-36; Diego Abad de Santillán, *Ricardo Flores Magón,* pp. 7-12. Vicente Fuente Díaz, *Los partidos políticos en México* (México, D.F.: Editorial Altiplano, 1969), pp. 107-114.

38. *Regeneración,* August 7, 1901.

39. *Regeneración,* March 31, 1901.

40. *Regeneración,* March 7, 1901.

41. Ricardo Flores Magón to Harry Weinberger, May 9, 1921, in *Ricardo Flores Magón, Epistolario revolucionario e íntimo* (3 vols., México, D.F.: Grupo Cultural "Ricardo Flores Magón," 1925), Vol. III, pp. 68-79. These volumes contain letters translated from English to Spanish and they are arranged in chronological order. Some of the correspondence is at the Weinberger collection. Shortly after crossing the river de la Hoz, a poet and a brilliant and courageous compañero drowned.

42. Samuel Kaplan, *Peleamos contra injusticia,* pp. 157-158; Florencio Barrera Fuentes, *Historia de la Revolución Mexicana, la etapa precursora,* pg. 147. Enrique Flores Magón states that he was the only one that worked.

43. Nicolás T. Bernal, interview (México, D.F.).

44. Letter of Francisco I. Madero to Ricardo Flores Magón, January 17, 1905, in Florencio Barrera Fuentes, pg. 158; Lyle C. Brown, "Los Liberales Mexicanos y su lucha en contra de la dictadura de Porfirio Díaz, 1900-1906," *Antología MMC* (México, D.F., 1956), pp. 95-96; Stanley R. Ross, *Francisco I. Madero, Apostle of Mexican Democracy* (New York: Columbia University Press, 1955), pg. 42.

45. Antonia Mendes to Ricardo Flores Magón, October 15, 1903, Austin, Texas, in Asunto Flores Magón, Archivo de Relaciones Exteriores. In the files of Asunto Flores Magón, Archivo, Secretaría de Relaciones Exteriores, Tomo I, there are many letters thanking subscribers in the U.S. and México and asking for names of those they consider to be liberals, thus the network of contacts increased. Prior to 1904, Flores Magón had been in correspondence with U.S. residents; see Sara E. Ramírez to Ricardo Flores Magón, May 20, 1901, Laredo, Texas.

46. Ricardo Flores Magón to María Talavera (late 1908?) in González Ramírez, *Epistolario y textos,* pp. 189-191.

47. Selections from *Regeneración* (San Antonio) obligingly translated were transmitted by D.E. Thompson, U.S. Ambassador to México and sent to Elihu Root, Secretary of State; they are found in Department of Justice, Record Group 60, National Archives. In St. Louis, *Regeneración* was located at 107 North Channing Avenue.

48. Letter from Ricardo Flores Magón to Harry Weinberger, May 9, 1921, in *Epistolario Revolucionario e íntimo,* Vol. III, pp. 68-79.

49. Generally Mexican government surveillance and undercover activities may be chronicled through the records in Asunto Flores Magón, Archivo, Secretaría de Relaciones Exteriores. It is an unusually rich source of information; it is yet to be thoroughly used.

50. Lyle C. Brown, "Los Liberales Mexicanos," pg. 96; Barrera Fuentes, *Historia de la Revolución Mexicana,* pg. 158.

51. *Regeneración* (St. Louis, Missouri), September 25, 1905.

52. Manuel González Ramírez, ed., *Fuentes para la historia de la revolución,* Vol. III, *La huelga de Cananea* (México, D.F.: Fondo de Cultura Económica, 1956), pg. 6.

53. The delivery of *Regeneración* was ceased and all letters addressed to the Junta were held. See letter of Jesús Flores Magón to Ricardo Flores Magón, September 27, 1905, in Silvestre Terrazas Collection, Bancroft Library, Box 27.

54. Samuel Kaplan, *Peleamos contra la injusticia,* pg. 179.

55. Turner, pg. 83; Samuel Kaplan, *Peleamos,* pp. 202–205.

56. For the deteriorating relations see: letter of Ricardo Flores Magón to Antonio P. Araujo, June 6, 1907, in Manuel González Ramírez, *Epistolario,* pp. 107–110. Years later Antonio Villareal and Manuel Sarabia, who by that time had been ousted themselves from the Junta, explained their version of the Arriaga-Madero split from the PLM. See *Diario del Hogar* (México, D.F.), September 27 and October 15, 1911. Consult also González Ramírez, *La revolución social de México: las ideas, la violencia* (México, D.F.: Fondo de Cultura Económica, 1960), pg. 93; James D. Cockcroft, *Intellectual Precursors of the Mexican Revolution,* pp. 121–124.

57. Manuel González Ramírez, ed., *Fuentes Para la Historia de la Revolución,* Vol. I, *Planes políticos y otros documentos* (México, D.F., Fondo de Cultura Económica, 1954), pp. 3–29.

58. This correspondence, extremely valuable as a source and not yet fully explored for facts other than the political events, is available in Asunto Flores Magón, Archivo, Secretaría de Relaciones Exteriores, México, D.F. For example, Asencio Soto writes to Ricardo Flores Magón on March 18, 1906, from González, Texas, and asks for: (1) governmental protection for all Mexicans both in and out of the national territory, (2) protection and free passage (including equipment, furniture and animals) for those who wish to return to México; and significantly, (3) more and better schools. Soto stated "el gobierno impartira terrenos territoriales a los cuidadanos que los soliciten para travajarlos en una palabra hanelamos para la libertad de la Patria governantes que desde el primero magistrado de la República asta el último funcionario público se consagren al vien." There is also correspondence in the Silvestre Terrazas Collection, Bancroft Library, University of California, Berkeley, but in relation to this matter most of it is limited to letters from Chihuahua.

59. All of the individual reforms suggested and the rationales advanced for their implementation were being articulated by various intellectual spokesmen of the times. Importantly, PLM set forth these ideas in a coherent well argued *plan* that was excellent propaganda. For discussions on individual contributions see: Turner, pp. 83–93, Abad de Santillán, pg. 19.
Catarino Garza was one of the early anti-Díaz rebels; he organized a rebellion along the border in 1890–1892 which, though it failed, gave the government some problems. Interestingly, a survivor of the Temochic rebellion of 1891 also participated in PLM activity as did old guard "Juaristas."

60. For an example of a PLM women's statement there is the following in *Regeneración,* February 25, 1911: "El Grupo Regeneración en San Antonio to *Regeneración,* February 25, 1911, Presidenta Teresa Villareal, Secretaria Isidra M. de Ibarra, Vocal Concepción Ibarra, Collectoras Emilia T. de Sánchez, Teresa Villareal, C. Ibarra and Lina Love. 'Es alentado [r?] que la mujer se [emancipe] y venga á tomar el puesto

que le corresponde al lado de su compañero el hombre, en la grandiosa lucha social que tiende á la liberación de la humanidad. Ya es tiempo de que así sea. La mujer ha estado esclavizada al hombre por muchas centurias debido á la pésima organización social en que ha vivido la humanidad; se la ha enseñado á considerar al hombre como un ser superior; conforme a la ley es una menor de edad sin discerinimiento propio y sujeta á la voluntad del padre, esposo o cualesquiera otro macho en la casa; por la Iglesia es mas descaradamente considerada como una bazona humana, asqueroza y despreciable, sin más voluntad que la del hombre de la casa, como por la ley; y en la práctica, en la vida diaria se tropieza a cáda paso con los actos salvajes cometidos en las mujeres, que no hablan del todo á favor de la pretendida superioridad del hombre.

Ya es tiempo de que la mujer se independa y de que el hombre dejando de considerarse el centro del universo, cese de oprimarla y la de en la vida diaria el puesto de compañera que le corresponde. Por propio interés hasta por egoismo debe el ayudar á la mujer a independerse: mientras la mujer sea esclava, el hombre continuara siéndole tanto por influencia del sexto contrario, como por que es axiomático que una esclava amanta hijos esclavos fatalmente.'

'Adelante, compañeras. Vuestro ejemplo dará fruto.' "

61. The best view of these relations is in Turner, passim; a questionable effort at explaining Anglo-PLM relations is Robert E. Ireland "The Radical Community, Mexican and American Radicalism 1900–1910," *The Journal of Mexican American History,* Vol. II (Fall 1971), pp. 22–32.

62. Turner, pg. 108; Barrera Fuentes, pg. 157.

63. *Revolución,* October 26, 1907.

64. Memorandum J.G. Griner, to C.A. Boynton (U.S. District Attorney) May 13, 1907, in the National Archives, Department of State, Record Group 59. As mentioned, in addition to PLM correspondence the best sources on organizing activities are the reports of local, state and federal officials of both México and the United States. An excellent report is that of Capt. W.S. Scott to Adjutant General, Acting Secretary of War, August 26, 1907 (transmitted September 17, 1907). For example, he relates that at one locality 1,000 persons of the population would sympathize with revolutionary agitation and would donate small sums. "They are poor and ignorant and belong to a class easily influenced to evil deeds." At Del Rio he reported that, of a total Mexicano population of 6,000, 80% own Winchesters and they had taken up regular firing practice. See also *New York Herald Tribune,* August 19, 1906.

65. Nicolás T. Bernal, interview (México, D.F.).

66. Letter Lauro Aguirre to Antonio I. Villareal, June 29, 1906; "Carlos Riquelma, etc." (report), November, 1906; R.S. Carmona to Ricardo Flores Magón, June 30, 1906, and other documents in the Silvestre Terrazas Collection, Bancroft Library, Box 27.

67. Antonio de P. Araujo to Aarón [López Manzano], October 11, 1906, Silvestre Terrazas Collection, Box 27; Merrill Griffith, U.S. Consul, Matamoros, Tamaulipas to Assistant Secretary of State, October 18 and November 4, 1906, Department of State, Record Group 59.

68. For the background to the labor unrest that culminates in the strikes of 1915–1916 see James R. Kluger, *The Clifton Morenci Strike, Labor Difficulty in Arizona, 1915–1916* (Tucson, Arizona: University of Arizona Press, 1970); also Juan Gómez-Quiñones, "The

First Steps: Chicano Labor Conflict and Organizing, 1900-1920," *Aztlán,* Vol. 3, No. 1; some Abraham Salcido correspondence is in the Department of Justice, Record Group 60.

69. Report of Capt. W.S. Scott, Department of State, Record Group 59; J. Alexander, U.S. Attorney to Attorney General, September 10, 1906, Department of Justice, Record Group 60; Lt. Harry C. Wheeler to Governor Joseph H. Kibbey, August 14, 1906, Department of State, Record Group 59; Luis Hernández, *La Tinajas de Ulua* (México, D.F.: Editorial Hermida, 1943), pp. 39-40; Florencio Barrera Fuentes, pg. 203; Eugenio Martínez Nuñez, *La vida heróica de Praxedis* G. Guerrero (México, D.F.: Biblioteca del Instituto Nacional de Estudios Históricos de la Revolución Mexicana, 1960), pp. 39-41, pp. 80-85 and pp. 98-111. The Douglas group had other interesting features; two of its members were "wanted for murder" and the group was infiltrated both by agents of the U.S. and Mexican authorities.

70. Eugenio Martínez Nuñez, *La vida heróica de Praxedis G. Guerrero,* pp. 39-41. Pacheco apparently was an informer.

71. See Enrique Creel to Robert Bacon, July 28, 1908, in Department of State, Record Group 59.

72. Ibid.

73. See letter, M.E. Diebold to Secretario de Relaciones Exteriores, February 17, 1909; Enrique C. Creel to Secretario de Relaciones Exteriores, June 21, 1907, in Asunto Flores Magón, Secretaría de Relaciones Exteriores. A good indicator of the diffusion of activities are the letters of solidarity printed in *Regeneración.* See also the selections from consul reports, letters of Creel, etc., pertaining to California, in González Ramírez, *Epistolario,* passim. There were PLM groups in San Francisco, Tumco, Riverside, San Gabriel, San Diego, etc.; they do not compare in number, size or activity with those in Tejas.

74. Turner, pp. 95-103; for the 1906 and subsequent raids consult Lyle C. Brown, "Los liberales mexicanos;" and Charles C. Cumberland, "Precursors of the Mexican Revolution of 1910," *Hispanic American Historical Review,* Vol. 23 (May 1942), pp. 344-356.

75. Moisés González Ramírez, *Historia moderna de México, El Porfiriato, La vida social* (México, D.F.: Editorial Hermes, 1957), pp. 298-356.   .

76. The literature on the Cananea strike is large and there are conflicting accounts and analysis: the researcher should consult the best source and one which consists almost entirely of primary materials: Manuel González Ramírez, ed., *Fuentes para la historia de la Revolución Mexicana,* Vol. III, *La huelga de Cananea* (México, D.F.: Fondo de Cultura Económica, 1956). As yet there is no evidence linking PLM with the labor conflict in Laredo, Tejas, 1905-1907, and the publication *Defensor del obrero.*

77. Ricardo Flores Magón to Bruno Treviño, August 18, 1906, Department of Justice, Record Group 60.

78. Ricardo Flores Magón to Alfonso B. Peniche, September 14, 1906, in Manuel González Ramírez, *La revolución social de México: las ideas, la violencia,* pg. 86.

79. How complete the infiltration was is amply evident in the files of Asunto Flores Magón, Secretaría de Relaciones Exteriores.

80. See Luis Hernández, Tinajas de Ulua, pp. 39–40; Ethel Duffy Turner, pg. 102; Daniel Cosío Villegas, *Historia Moderna de México, El Porfiriato, la vida exterior,* Vol. II, pg. 232.

81. Turner, pp. 104–105.

82. Turner, pp. 101–105; Cándido Donato Padua, *Movimiento revolucionario—1906 en Veracruz* (Tlalpan, D.F., 1941), pp. 24–26.

83. See Francisco I. Madero to Evaristo Madero, October 1, 1906, in Turner, pp. 134–135; Stanley R. Ross, *Francisco I. Madero,* pg. 43.

84. Consulado Mexicano to José Algara, August 21, 1907; José Algara, P.O. del señor Secretario, August 22, 1907; Antonio Lozano (Mexican Consul) to Secretario de Relaciones Exteriores, September 1, 1907, in González Ramírez, *Epistolario y textos,* pp. 120–123. The government duplicity is documented in the correspondence.

85. See González Ramírez, *Epistolario y textos,* pp. 197–200; Ward Sloan Albro "Ricardo Flores Magón and the Mexican Liberal Party" (Ph.D. dissertation, the University of Arizona, 1967), pp. 137–140; Turner, pp. 135–145. For the Eugene Debs efforts see Ray Ginger. *Eugene V. Debs* (New York: Collier Books, 1962), pp. 261–273.

86. Ralph Chaplin, *Wobbly* (Chicago: n.p., 1948), pg. 106.

87. See Consular correspondence in González Ramírez, *Epistolario y textos,* pp. 119–161; James Cockcroft, pp. 126–127.

88. González Ramírez, *La revolución social de México: las ideas, la violencia,* pp. 111–114; Martínez Nuñez, *La heróica de Praxedis Guerrero,* pg. 114. Enrique Flores Magón had remained in Canada, and later went to New York to the disappointment of several PLM members. His degree of participation depends on which sources are used; he outlines his contributions in Samuel Kaplan, *Peleamos contra la injusticia,* pg. 211; Enrique Flores Magón to Tomás Sarabia, October 25, 1906, in González Ramírez, *Epistolario y textos,* pg. 80.

89. See Silvestre Terrazas Collection, Bancroft Library. An example of PLM tribulations is *Revolución.* The Junta members, as mentioned, had been arrested; the new editor, Lázaro Gutiérrez de Lara, was arrested; the next editor Manuel Sarabia was arrested shortly. The responsibility then fell to Modesto Díaz and the technical editors Arizmendi and Ulibarri; they were arrested, then released on bail. They put together one issue then they were again arrested. Modesto Díaz, who had done such fine organizing in Tejas, died in the L.A. jail. After all this, *Revolución* was out of action in April 1908. Eventually it was decided to use a different name for the central newspaper, *Libertad y Trabajo,* and Fernando Palomares, a veteran organizer, took it over.

90. Enrique Flores Magón, *El Demócrata* (México, D.F.), September 5, 1924; Abad de Santillán, *Flores Magón,* pp. 55–56.

91. Plans, maps had been acquired; bombs were homemade (over 150); women had smuggled guns and dismantled Winchesters underneath their long skirts.

92. Praxedis G. Guerrero in *Regeneración,* September 17, 1918; Martínez Nuñez, *La vida heróica de Praxedis Guerrero,* pg. 133; Thomas W. Voelter, U.S. Consul, Saltillo, to Assistant Secretary of State, June 25 and June 29, 1908, in Department of State, Record Group 59.

93. The raid was led by Jesús María Rangel and Encarnación Díaz Guerra, a veteran Juarista; see report, "Encarnación Díaz Guerra to Junta," in Department of Justice, Record Group 60.

94. The Praxedis Guerrero account in *Regeneración,* September 24, 1910. This is more faithful than that of Enrique Flores Magón in Samuel Kaplan, *Peleamos,* pg. 275; consult also González Ramírez, *La revolución social,* pp. 112–113.

95. Ethel Duffy Turner, interview, Cuernavaca. There were perhaps as many as 1,000 PLM members in U.S. and Mexican jails. Juan Sarabia later calculated that perhaps less than 300 PLM members survived, in Samuel Kaplan, *Peleamos,* pg. 329.

96. Letter, Ricardo Flores Magón to María Talavera (1908?) in González Ramírez *Epistolario y textos,* pp. 189–190. See Librado Rivera to Concha Rivera (1908?) in González Ramírez, *Epistolario y textos,* pg. 192. See Luther T. Ellsworth to Assistant Secretary of State, April 17, 1909, Department of State, Record Group 59.

97. Ibid.; María Talavera to Ricardo Flores Magón, September 17, 1908, and Ricardo Flores Magón to María Talavera, January 3, 1909 in González Ramírez, *Epistolario y textos,* pg. 169 and pg. 193.

98. Ricardo Flores Magón to María Talavera, December 6, 1908, in González Ramírez, *Epistolario y textos,* pg. 169. On another occasion he expressed himself thus:
"Aquí y alla, y de tiempo en tiempo, han aparecido parrafillos en los periódicos obreros, ora socialistas, ora unionistas; pero no ha habido verdadera compaña en nuestro favor, a pesar de que es flagrante la confabulación de los dos gobiernos, y de lo maltrechas que por polizontes y por jueces han quedado las leyes de este desgraciado país.
"Los norteamericanos son incapaces de sentir entusiasmos de indignaciones. Es este un verdadero pueblo de marranos. Vean ustedes a los socialistas; se rajaron cobardemente en su campaña por la libertad de palabra. Vean ustedes a la flamante American Federation of Labor con su millón y medio de miembros, que no puede impedir los 'injunctions' de los jueces cuando declaran, van contra las Uniones o mandan estos delegados organizadores a lugares en que no hay trabajo organizado. Estos atentados contra socialistas y Uniones son tremendos, pero no conmueven a esta gente. Los sin trabajo son dispersados a machetazos como en Rusia. Roosevelt pide al Congreso que se faculte a las administraciones de correos para ejercer la censura sobre los periódicos; la nación se militariza a pasos de gigante; a pesar de todo, el paquidermo anglosajón no se excita, no si indigna, no vibra. Si con sus miserias domésticas no se agitan los norteamericanos ¿poderemos esperar que les importen las nuestras?" (Ricardo Flores Magón to Enrique Flores Magón, June 7, 1908, in Abad de Santillán, pp. 47–55). This letter, it must be noted, has been suspected of being doctored.

99. Letter, Ricardo Flores Magón to Praxedis Guerrero and Enrique Flores Magón, June 13, 1908, in González Ramírez, *Epistolario y textos,* pp. 202–209.

100. Luther T. Ellsworth to Assistant Secretary of State, October 1, 1909, and March 17, 1910, in Department of State, Record Group 59; Martínez Nuñez, *La vida heróica de Praxedis Guerrero,* pp. 171–177.

101. Martinez Nuñez, *La vida heróica de Praxedis Guerrero,* pp. 179–186.

102. See clippings, circulars, etc., in the John Murray Collection, Bancroft Library, University of California, Berkeley; Turner, pp. 176–180; and Ivie E. Cadenhead, "The

American Socialists and the Mexican Revolution of 1910," *Southwestern Social Science Quarterly,* Vol. 43 (September 1962), pp. 318–362; and Ellen Howell Myers, "The "Mexican Liberal Party, 1903–1910" (Ph.D. dissertation, University of Virginia, 1970), pp. 314–318. Some of the women associated with "Leona Vicario" later worked with La Liga Femenil Mexicanista of the Congreso Mexicanista. *El Cosmo pólita* also was the name of the newspaper (editor Gutiérrez).

103. Clipping, John Murray Collection, Bancroft Library.

104. Turner, pp. 193–194; Samuel Kaplan, *Peleamos contra la injusticia,* pp. 320–321; Abad de Santillán, pp. 59–60.

105. *Regeneración* (Los Angeles, California), September 2, 1910.

106. Ibid.

107. *Regeneración,* September 24, 1910.

108. *Regeneración,* October 8, 1910.

109. *Regeneración,* October 1, 1910.

110. *Regeneración,* February 11, and May 23, 1911.

111. *Regeneración,* November 5, 1910.

112. See the editorials "Hacia el Comunismo," in *Regeneración,* July 29, 1911, and "El Pueblo Mexicano Es Apto Para el Comunismo," in *Regeneración,* September 2, 1911.

113. Text in Diego Abad de Santillán, pp. 65–66; Barrera Fuentes, pp. 300–301.

114. See "Yo no quiero ser tirano," in Ricardo Flores Magón, *La revolución mexicana,* edited by Adolfo Sánchez Rebolledo (México, D.F.: Grijalbo, 1970), pp. 20–21.

115. In Diego Abad de Santillán, pg. 67. Fidel Castro has stated "La revolución debe ser hijo de la clase trabajadora."

116. In González Ramírez, *Fuentes para la historia de la Revolución Mexicana,* Vol. IV, *Manifestos políticos* (1892–1912), pp. 369–375; Barrera Fuentes, pp. 311–319.

117. See "Circular," González Ramírez, *Fuentes para la historia de la Revolución Mexicana,* Vol. IV, *Manifestos políticos,* pg. 157; Cándido Donato Padua, *Movimiento revolucionario,* pp. 51–61; Turner, pg. 210.

118. González Ramírez, *Fuentes para la historia de la Revolución Mexicana,* Vol. IV, *Manifestos políticos,* pg. 165; Turner, pg. 217; Cockcroft, pg. 181; Abad de Santillán, pp. 64–67.

119. Cándido Donato Padua, *Movimiento revolucionario,* passim; Turner, pp. 208–210.

120. Martínez Nuñez, *La vida heróica de Praxedis Guerrero,* pp. 222–234; Samuel Kaplan, *Peleamos,* pp. 326–328; Turner, pp. 219–221.

121. Turner, pp. 231–241; Cockcroft, pp. 181–182; Abad de Santillán, pp. 71–72; see also Ross, pp. 144–146; and Lowell L. Blaisdell, *The Desert Revolution, Baja California, 1911* (Madison: University of Wisconsin, 1962), pp. 41–162.

122. *Regeneración,* February 25, 1911; see also Ross, pg. 145. Though the PLM-Madero split cost PLM support, many adhered to its position; for example, a letter from women adherents: Margarita Andejos, Domitila Acuña, Severina Garza, María

Cisneros, Concepción Martínez, and Carmen Luján to Ricardo Flores Magón, March 4, 1911, Dallas, Texas: "[somos] trabajadoras emancipadas de las necias preocupaciones que han tenido a la humanidad esclavizada . . . Si los hombres no han abierto los ojos para ver claro, nosotros las mujeres no nos dejamos embabucar por los politicastros. Compañero Magón: duro con el burges que desea encumbrarse para tenernos á los trabajadores con el mismo yugo que por siglos hemos padecido."

123. Barrera Fuentes, pg. 321; Mario Gill, "Turner, Flores Magón, y los filibusteros," *Historia Mexicana,* Vol. 5 (April–June, 1956), pp. 642–663.

124. From document quoted by Blanquel taken from Asunto Flores Magón, Archivo Relaciones Exteriores, in "Pensamiento Político," pg. 132. Blanquel has a fine analysis of the intellectual factors involved in the strategy and thinking surrounding the Baja campaign, op. cit., pp. 127–143.

125. Turner, pp. 221–232; consult Pablo L. Martínez, *El Magonismo en Baja California* (México, D.F.: Editorial "Baja California," 1958); the accepted standard work in English is Lowell L. Blaisdell, *The Desert Revolution, Baja California, 1911* (Madison: University of Wisconsin, 1962). For the argument that accuses Flores Magón of "filibusterismo," see the titles in the bibliography by Velazco Ceballos and Enrique Aldrete.

126. Compare the Associated Press wireservice reports to those of the *Los Angeles Times* correspondents in *Los Angeles Times,* January through June, 1911.

127. *Los Angeles Times,* January 3, 1911.

128. *Los Angeles Times,* February 9 and March 5, 1911.

129. Blaisdell, *The Desert Revolution,* pg. 136.

130. *San Diego Sun,* May 16–May 29, 1911 (San Diego, California).

131. González Ramírez, *Epistolario y textos,* pp. 11–16 and pg. 236.

132. The Díaz regime tried to use public apprehension for national sovereignty in regard to territorial dismemberment as a rationale against rebellion in general and specifically against the Flores Magón "anarchists;" see *Diario de los Debates de la Cámara de Diputados,* 1910–1911, passim.

133. Mario Gill, "Turner, Flores Magón y los filibusteros," pg. 657.

134. Ibid., pg. 656; Turner, pg. 224; and Blaisdell, pg. 77.

135. Turner, pg. 261. Apparently Antonio de P. Araujo was also indicted but he hid; also apparently indicted was Pedro Solís who died during the proceedings: see Department of Justice, Record Group 60.

136. The meeting was acrimonious; physical and political threats were exchanged. Juan Sarabia and Antonio I. Villareal had abandoned PLM because they believed PLM policies to be unrealistic in light of conditions in México and divisive now that Díaz had been overthrown. PLM rejected electoral politics regardless of regimes and believed that it was the time to push for radical measures. The case of Sarabia, Villareal and Jesús Flores Magón is well stated in *Diario del Hogar* (México, D.F.), June 22, 1912. On July 2, 1911, *Regeneración* replied with an editorial, "Judas, Juan Sarabia." The debate became personal in *Diario del Hogar,* August 26 and September 27, 1911; Villareal defamed Flores Magón as a "blackmailer, swindler, coward, drunken pervert," who shared his mistress. It got worse. Consult González Ramírez *Manifestos políticos,*

pp. 369–390. Years later Villareal expressed regrets over the bitterness of the split. He became a general, governor and Chairman of the revolutionary convention. For a mild and somewhat misleading narration of events see Samuel Kaplan, *Peleamos,* pp. 328–331.

137. Ethel Duffy Turner, interview (Cuernavaca) and Turner, pp. 264–274. There are letters of support from various parts of the Southwest and many organizations in Department of Justice, Record Group 60.

138. *Regeneración,* July 8, 1911; Abad de Santillan, pg. xi and pp. 92–94; among others the critics included Gutiérrez de Lara, Debs, the U.S. Socialist Party, Gompers, and Grave. Jean Grave had the gall to charge that the Mexican Revolution existed only in the minds of the editors of *Regeneración.* Kropotkin, interestingly, defended PLM, as did Emma Goldman.

139. Turner, pg. 269.

140. Documents pertaining to the case are in Department of Justice, Record Group 60; see Ricardo Flores Magón to Harry Weinberger, May 9, 1921, in *Epistolario revolucionario e íntimo,* Vol. III, pp. 68–79. See C. [Edmundo] Blas Lara [pseudonym for Mariano Gómez Gutiérrez], *La vida que yo viví: Novela histórico-Liberal de la revolución Mexicana* (n.p., 1954).

141. Ethel Duffy Turner, interview (Cuernavaca); Turner, pp. 275–277.

142. Carey McWilliams, *North from México* (New York: Greenwood Press, 1968), pg. 205.

143. Turner, pp. 272–273.

144. Abad de Santillán, pp. 94–95; Samuel Kaplan, *Peleamos,* pp. 332–339.

145. Ethel Duffy Turner, interview (Cuernavaca); Turner, pg. 274.

146. Palacios, Mendoza and Carmona had conflicts with other PLM members; eventually there was a split which also led to the separation of Enrique from his wife, who was the daughter of Carmona. Turner, pp. 278–283; see also Blas Lara, *La vida que yo viví,* passim.

147. Turner, pg. 281.

148. Nicolás T. Bernal, interview (México, D.F.); Abad de Santillán, pg. 96; Turner, pp. 281–283.

149. Consult Jesús Silva Herzog, *Breve historia de la revolución Mexicana* (2 vols., México, D.F.: Fondo de Cultura Económica, 1960); Robert E. Quirk, *The Mexican Revolution, 1914–1915: The Convention of Aguas Calientes* (New York: The Citadel Press, 1963); and Cockcroft, pp. 208–232.

150. Abad de Santillán, pp. 100–101; Turner, pp. 287–288, and pp. 293–295. Palomares became involved in the El Paso smelter workers strike of 1913; see *The Rebel* (Halletsville, Texas), May 3, 1913.

151. Turner, pg. 293. For newspaper reports on the trials, see the following: *San Antonio Expreso,* September 1 and 2, 1914; and *La Prensa,* October 27, 1914, and the *Carrizo Springs Javelin,* July 24, 1914. For a sympathetic coverage, see *The Rebel* (Halletsville, Texas), May 30, 1914.

152. Ricardo Flores Magón, *Tribuna roja,* pp. 41–56. Enrique Flores Magón, Librado

Rivera and Anselmo Figueroa were also released. Figueroa, his health broken, died a few months later in Arizona. Ricardo Portillo, a nephew, related to me that in his last days, Figueroa was still distributing propaganda. Though comparatively, PLM was in decline, there were still considerable numbers of Chicano radical sympathizers in L.A., several neosocialist newspapers were published, meetings were called in La Placita, and those who voted, voted the socialist ticket. Even at this time, PLM sympathizers were calculated to number in the thousands. An important meeting place was El Centro de Estudios Racionales where Flores Magón and other PLMers often spoke; see William Wilson McEuen, "A Survey of the Mexicans in Los Angeles," (M.A. thesis, University of Southern California, 1914), pp. 14–21 and pg. 89. Estimates for this period of *Regeneración* range from 2,500 to 10,000; I believe that it may have been lower than the first figure.

153. Turner, pp. 297–298; Samuel Kaplan, *Peleamos,* pp. 350–351.

154. Abad de Santillán, pp. 104–105; Turner, pg. 298.

155. Turner, pg. 298. There are different opinions on when the dramas "Tierra y Libertad" and "Verdugos y Víctimas" were written, but both were written after 1914 and the former was written first (1915–1916) and the latter in 1917–1918; see Abad de Santillán, pg. 104 and the preface to "Verdugos y Víctimas," pp. 5–6.

156. Ricardo Flores Magón to Harry Weinberger, May 9, 1921, in *Epistolario revolucionario e íntimo,* Vol. III, pp. 68–79; Samuel Kaplan, Peleamos, pp. 359–364.

157. *Regeneración,* October 2, 1915; November 13 and 25, 1915; and August 26, 1916.

158. Turner, pp. 306–307; Abad de Santillán, pp. 102–103. For works by Goldman and Berkman consult bibliography.

159. Ricardo Flores Magón, *Tribuna Roja,* Vol. III, pg. 68.

160. Nicolás T. Bernal, interview (México, D.F.); Abad de Santillán, pg. 104 and pg. 109.

161. *Regeneración,* March 16, 1918; Abad de Santillán, pp. 109–112; and Barrera Fuentes, pp. 326–328.

162. Ibid.

163. Ibid.

164. Enrique Flores Magón stated that they were arrested "Porque se opusieron a la primera guerra mundial," Samuel Kaplan, *Peleamos,* pg. 398; Charles Cumberland, "Precursors," pg. 355. For the wave of suppression consult Stanley Cohen, "A Study in Nativism: The American Red Scare of 1919–1920," *Political Science Quarterly,* Vol. 19 (January, 1964); and Robert K. Murray, *The Red Scare: A Study in National Hysteria, 1919–1920* (Minneapolis: University of Minnesota Press, 1955). The best archival collection for the period after 1918 is the Weinberger collection.

165. Turner, pg. 314; Abad de Santillán, pg. 112.

166. Nicolás T. Bernal, interview (México, D.F.); Ethel Duffy Turner, interview (Cuernavaca).

167. Ricardo Flores Magón to Nicolás T. Bernal, August 3, 1921, in *Epistolario revolucionario e íntimo,* Vol. II, pp. 23–24.

168. Ricardo Flores Magón to Elena White, October 6, 1920, in *Epistolario revolucionario e íntimo,* Vol. I, pp. 11–13. Perhaps more consistent with his life-long character is this 1922 poem in English attributed to Flores Magón:

Farewell

... We cannot break our chains with weak desire,
with whines and supplicating cries.
'Tis not by crawling meekly in the mire
The free-winged eagle learns to mount the skies.
The gladiator, victor in the fight,
On whom the hard-contested laurels fall,
Goest not in the arena pale with fright
But steps forth fearlessly, defying all.

O victory, O victory, dear and fair
Thou crownest him who does his best,
Who, perishing still unafraid to bear,
Goes down to dust, thy image in his breast.
Farewell, O comrades, I scorn life as a slave!
I begged no tyrant for my life, though sweet it was;
Though chained, I go unconquered to my grave,
Dying for my own birth-right and the world's.

In José Muñoz Cota, *Ricardo Flores Magón, el sueño de una palabra* (México: Editorial Doctrimex, 1966).

169. Ricardo Flores Magón to Elena White, September 19, 1921, in *Epistolario revolucionario e íntimo,* Vol. II, pp. 35–37; and Abad de Santillán, pp. 117–118.

170. Ricardo Flores Magón to Elena White, April 5, 1921, in *Epistolario revolucionario e íntimo,* Vol. I, pp. 68–69.

171. Ricardo Flores Magón to Nicolás T. Bernal, June 2, 1921, in *Epistolario revolucionario e íntimo,* Vol. II, pg. 9.

172. Ricardo Flores Magón to Elena White, September 5 and 19, 1921; in *Epistolario revolucionario e íntimo,* Vol. II, pp. 30–46; Ricardo Flores Magón to Elena White, February 28, 1922, in *Epistolario revolucionario e íntimo,* Vol. II, pp. 76–78.

173. Ibid.

174. Ricardo Flores Magón to Alicia Stone Blackwell, May 9, 1922, in *Epistolario revolucionario e íntimo,* Vol. II, pp. 33–34.

175. Ricardo Flores Magón to Alicia Stone Blackwell, March 7, 1922, in *Epistolario revolucionario e íntimo,* Vol. II, pp. 78–79.

176. Ricardo Flores Magón to Gus Teltsch, December 4, 1919, in *Epistolario revolucionario e íntimo,* Vol. I, pp. 1–2.

177. Ricardo Flores Magón to Gus Teltsch, March 1, 1920, in *Epistolario revolucionario e íntimo,* Vol. I, pp. 5–7.

178. Ricardo Flores Magón to Gus Teltsch, February 5, 1920, in *Epistolario revolucionario e íntimo,* Vol. I, pp. 4–5.

179. Ricardo Flores Magón to Elena White, August 25, 1922, in *Epistolario revolucionario e íntimo,* Vol. III, pp. 49–58.

180. Ricardo Flores Magón to Nicolás T. Bernal, December 20, 1920, in *Epistolario revolucionario e íntimo,* Vol. I, pp. 31–33.

181. Ricardo Flores Magón to Nicolás T. Bernal, November 19, 1922, in *Epistolario revolucionario e íntimo,* Vol. III, pp. 58–60.

182. Ricardo Flores Magón to Gus Teltsch, May 4, 1920, in *Epistolario revolucionario e íntimo,* Vol. I, pg. 10.

183. Ricardo Flores Magón to Elena White, December 14, 1920, and November 30, 1920, in *Epistolario revolucionario e íntimo,* Vol. I, pp. 25–28 and pp. 22–23.

184. See Harry Weinberger, "Two Political Prisoners at Leavenworth," *The New Republic* (July 5, 1922); Gilbert O'Day, *The Nation* (December 20, 1922); *New York Call* (June 12, 1921); and Kate Crane Gartz, *The Parlor Provocateur* . . . (Pasadena, California, Mary Craig Sinclair, 1923) pp. 86 and 100.

185. Harry Weinberger to A. Mitchell Palmer, U.S. Attorney General, July 26, 1920, in Department of Justice, Record Group 60. Earlier on February 28, 1919, the U.S. Assistant Attorney General in Los Angeles wrote to the Attorney General that he and Judge Bledsoe agreed that there should be no commutation of sentence.

186. Turner, pp. 325–333; also Ricardo Flores Magón to Nicolás T. Bernal, November 19, 1922, in *Epistolario revolucionario e íntimo,* Vol. III, pp. 58–60.

187. Ricardo Flores Magón to Nicolás T. Bernal, *Epistolario revolucionario e íntimo,* Vol. I, pp. 32–33; Abad de Santillán, pg. 113.

188. W. I. Biddle, Warden, Leavenworth, to U.S. Attorney General H. M. Dougherty, November 21, 1921. According to this memo Flores Magón died of *angina pectoris,* between 4:15–4:30 a.m. as reported by A.F. Yohe, prison M.D. who earlier, on March 20, 1922, in a letter to Mr. W.I. Biddle, had stated "there is no probability of deleterious effect resulting from confinement" and he further assured the warden of the prisoner's good health, in Department of Justice, Record Group 60. Flores Magón, Weinberger and other friends had contended that his health was poor, particularly his eyesight, but at no time was there reference to a heart condition. Despite his ill health, during his last months Flores Magón worked on two film scripts; they were not returned with his personal belongings.

189. See Librado Rivera's statement in Diego Abad de Santillán, pp. 1–3; Samuel Kaplan, *Peleamos,* pp. 405–406 and pg. 408. For a newspaper report on his death, see *La Prensa,* November 23, 1922.

190. Turner, pg. 342. She cites *El Demócrata* (México, D.F.), December 4, 1922. See also Samuel Kaplan, *Peleamos,* pp. 406–408.

191. Turner, pg. 340.

192. Turner, pp. 343–348; Abad de Santillán, pp. 129–131; and Samuel Kaplan, *Peleamos,* pp. 410–411. There was also a memorial service in Los Angeles, see *New York Call,* January 22, 1923. There are photos of the journey and the burial available.

193. The quotes are from different writings; in order, they are taken from: *Epistolario revolucionario e íntimo,* Vol. II, pg. 75; Vol. III, pg. 11; and Vol. I, pp. 44–45.

Appendix

The following editorials, articles, manifestos and letters are arranged in chronological order.

1. "Regeneración"	August 7, 1900
2. "Periódico Independiente de Combate"	December 31, 1900
3. "Carta de Laredo"	February 11, 1904
4. "Bases Para La Unificación del Partido Liberal Mexicano"	September 30, 1905
5. "Manifesto a La Nación del Plan del Partido Liberal Mexicano de 1906"	July 1, 1906
6. "Vamos Hacia La Vida"	July 1907
7. "Carta de la Carcel de Los Angeles"	June 13, 1908
8. "La Mujer"	1909–1910 ?
9. "Regeneración"	September 3, 1910
10. "A La Mujer"	September 24, 1910
11. "Blancos, Blancos"	November 1910
12. "La Repercusión de un Linchamiento"	November 12, 1910
13. "Manifesto A Todos los Trabajadores del Mundo"	April 3, 1911
14. "El Pueblo Mexicano es Apto Para El Comunismo"	September 2, 1911
15. "Manifesto del 23 de Septiembre de 1911"	September 23, 1911
16. "¡Tierra y Libertad!"	February 14, 1914
17. "La Intervención y los Presos de Tejas"	May 31, 1914
18. "Margarita Ortega"	June 13, 1914
19. "La Raza Proscrita—Discurso pronunciado 4 de Julio 1914 en Santa Paula, California"	July 4, 1914
20. "Los Levantamientos en Tejas"	October 2, 1915
21. "Progreso Revolucionario"	February 12, 1916
22. "Discurso"	1917
23. "Manifiesto de La Junta Organizadora del Partido Liberal Mexicano a Los Miembros del Partido, a los Anarquistas de Todo el Mundo y a los Trabajadores en General"	March 16, 1918

1. "Regeneración"

Este periódico es el producto de una convicción dolorosa.

En el discurso pronunciado en la sesión solemne del 9 del pasado Marzo al reanudarse las sesiones de la Academia Central Mexicana de Jurisprudencia y Legislación, decía sabiamente el señor licenciado don Luis Méndez: "Cuando la justicia se corrompe, cuando alguna vez las causas se deciden más por consideraciones extrañas a la ley que por la ley misma, ¿qué corresponderá hacer a los que ejercen la noble profesión del postulante o a los que velan por intereses que no tienen más grantía para su vida y desarrollo, que una honrada administración de justicia? ¿No deberíamos todos, llegado el caso, constituir en el acto un grupo firme como una falange griega, para atacar injustas resistencias?"

Tal como se encuentra, con muy honrosas excepciones, la Administración de Justicia en la República, esa falange griega de que habla el ilustre abogado se estrellaría, como se han estrellado otras muchas energías al protestar contra la venalidad de algunos funcionarios, consiguiendo tan sólo persecuciones injustas o las injustas resistencias de que habla el señor Méndez.

Nosotros no tenemos la pretensión de constituir una falange; pero nuestro vigor juvenil y nuestro patriotismo, nos inducen a buscar un remedio y al efecto, señalar, denunciar todos aquellos actos de los funcionarios judiciales que no se acomoden a los preceptos de la ley escrita, para que la vergüenza pública haga con ellos la justicia que se merecen.

Habría otro remedio. Para que los intereses de los litigantes, actores o reos, tengan una garantía, la ley señala los casos en que há lugar a exigir responsabilidades a los jueces; pero sólo una vez, parece mentira, en el reciente asunto Díez de Bonilla, se declaró haber lugar a exigir responsabilidades, aunque no se ha concluido la sustanciación del procedimiento, necesitándose que la Suprema Corte de Justicia de la Nación, con toda su autoridad y peso, considerase que los hechos cometidos por el Juez 1º Correccional Wistano Velázquez, ameritaban la consignación del referido juez al Tribunal Superior de Justicia del Distrito Federal a fin de que procediera en su contra con arreglo a derecho por los delitos de que aparecía responsable, "como lo exigen la justicia, la conveniencia social y *el prestigio de la autoridad.*"

La Suprema Corte honradamente denunció los hechos que ameritaban un castigo para Velázquez, denuncia que no hizo antes el Agente del Ministerio Público adscrito al Juzgado 1º Correcional. En cambio, como grotesca antítesis a la declaración de la Suprema Corte, aparece el pedimento del Procurador de Justicia del Distrito Federal al Jurado de Responsabilidades, pedimento de que nos ocupamos en otra parte y que es sólo un borrón para los anales del Ministerio Público en México.

No constituimos una falange, repetimos pero sí ayudaremos con todas nuestras fuerzas, y pese a quien le pesare, a todos aquellos, que en lugar de recibir justicia de las autoridades judiciales, hayan recibido, con mengua del derecho y de la moral, la vergüenza de una derrota injusta.

Por estos motivos vamos a hacer públicos los actos de las autoridades judiciales. Los actos buenos, aquellos que estén arreglados a los preceptos de la justicia, los aplaudiremos; pero aquellos que haciendo a un lado la verdad, y que desquiciando las fórmulas severas de la justicia, sólo sean el producto malsano del voluntarioso capricho de los miembros del Poder Judicial, serán objeto de nuestros ataques.

Bien comprendemos que a los miembros podridos de la Administración de Justicia, a aquellos para quienes su investidura no es más que la venda que oculta sus llagas o el pretexto de incalificables violaciones; para aquellos que amurallados en su investidura, sólo les sirve para dar a sus crímenes una forma más o menos justificada, con detrimento de las garantías individuales; para aquellos que su nombramiento de juez o de magistrado les sirve de escudo para el ejercicio de sus asquerosas venganzas, para esos, nuestra publicación será vista con odio, y algunos de ellos, al solo anuncio de *Regeneración* han sentido arder sus iras como el malhechor al solo olfato de la policía. Pero el magistrado íntegro, el juez justiciero que está satisfecho de cumplir con su noble y difícil tarea, el que haciendo un sacerdocio de su profesión, oficia en los inmaculados altares de la verdadera justicia y de las santas causas, sentirá inmenso placer de ver coadyuvados sus ardientes y nobles ansias de equidad y de Justicia.

Quizá más de una vez nuestros ímpetus juveniles herirán con demasiada dureza; pero sírvanos de atenuante nuestro profundo amor a la justicia y al odio que provocan los atentados groseros al derecho.

Procuraremos despertar las energías que hay ocultas y que no se manifiestan por injustificado temor.

El espíritu público, tan decaído en las actuales circunstancias, dado el momento histórico por que atravesamos, necesita estimulantes enérgicos a fin de que despierte de su marasmo y haga saber sus aspiraciones y sus ideales. Al efecto, ponemos a disposición de todas las personas de la República, las columnas de nuestro periódico, invitándolas a que calcen con sus firmas sus artículos, para que resalte la lealtad en la discusión y no porque queramos rehuir responsabilidades, que desde luego asumimos; pero en todo caso recibiremos con gusto cualquier observación que se haga a los actos judiciales, y la haremos nuestra, si encaja en nuestras convicciones.

El funcionario que estime su reputación profesional, cumplirá un deber defendiéndola, y al efecto, le ofrecemos las columnas de este periódico.

Por nuestra parte, no trataremos los asuntos que defendemos ante los tribunales, para que no se nos tache de parciales y se crea que nos inspira el egoísmo o el despecho de haber sufrido un fracaso en algún negocio; pero si alguna discusión se suscita, con motivo de esos negocios, no la rehusaremos, pues estamos dispuestos a discutir en público lo que sostengamos en los estrados. *La Dirección.*

REGENERACIÓN Nº 1. 7 Agosto 1900

2. "Periódico Independiente de Combate"

Hoy aparece *Regeneración* como *periódico independiente de combate.*

Como se nos pudiera tachar de inconsecuentes, vamos a explicar a nuestros ilustrados lectores la causa que nos ha impulsado a variar su carácter netamente jurídico.

La justicia, mal administrada como lo ha estado hasta la fecha, fue lo que primero nos indujo a fundar nuestro periódico, destinado a exhibir en toda su deformidad las arbitrariedades y los abusos de los pésimos funcionarios del ramo judicial, tanto locales como de estados y territorios.

La justicia ha sido, aquí y en los estados, una esclava de los mandatarios sin conciencia, que no han encontrado en ella sino un medio fácil y verdaderamente cómodo para satisfacer sus pasiones, que en un medio vulgar hubieran encontrado la ruda oposición del juez correccional y la mano férrea de la policía.

La judicatura (hay sus excepciones, aunque por desgracia escasas), desempeñada por nulidades en el orden científico y muchas veces en el orden moral, se resentía y sigue resintiéndose de falta de expedición, y lo que es peor, en algunos casos, que por otra parte abundan, de falta de probidad.

Nuestra lucha ha sido ruda. Ha tenido todos los caracteres de una lucha de pigmeos encarados a los titanes: solos en ella, encontrándonos a cada paso con el lívido fantasma del indiferentismo político, hemos luchado aislados, sin más armas que nuestros ideales democráticos y sin más escudo que nuestras profundas convicciones.

Lo que más pudo habernos lastimado en nuestro entusiasmo ha sido esta odiosa forma de la cobardía política: el indiferentismo, un producto de la época, época de opresión que ha hecho que los espíritus débiles opten por el partido de la fuerza, porque ella es la que les falta y la que protege su pusilanimidad, y que los espíritus, no precisamente débiles, pero sí poco aptos para la lucha franca y descubierta, prefieran buscar en el alejamiento de la vida pública un lenitivo para calmar sus decepciones políticas.

Nosotros no nos arredramos ante el indiferentismo político, precisamente porque nos alientan sanos ideales, nos confortan firmes convicciones y creemos poseer fuertes energías.

El día en que algunas de esas cosas nos falten habremos muerto para lo que signifique civismo e iremos a esconder nuestra ignominia en el híbrido campo de la indiferencia; pero mientras aliente en nosotros un soplo de las ideas liberales, mientras el espíritu democrático de nuestros reformistas nos influencie con su vida sana y viril, y mientras los sagrados principios republicanos inflamen nuestras almas jóvenes y deseosas del bien público, lucharemos sin descanso, hasta el logro de nuestros ideales, pensando siempre que esos mismos ideales fueron los de nuestros padres del 57, sostenidos vigorosamente en la tribuna, en el libro, en la prensa y en los campos de batalla.

Nuestra lucha por la justicia no era más que un reflejo de nuestros principios; pero se veía circunscrita esa lucha a un mezquino radio de acción: no podíamos tratar más que de asuntos judiciales. Por más que nuestras conciencias tendieran la vista al amplio campo de la administración general, el lema de nuestro periódico JURÍDICO nos impedía abarcar otros asuntos de interés, si se quiere, tan delicados y trancendentes como los forenses.

Pero nuestros principios han vencido, han sobrepujado al campo netamente jurídico, y han entrado de lleno al de la administración general.

Tenía que ser. La administración de justicia no es más que un complemento, como poder, de los otros dos: el ejecutivo y el legislativo. Aunque con distintas atribuciones, los tres poderes tienen que existir conjuntamente. De modo que, si uno de ellos camina mal y tiene inmensas y deplorables lagunas, los otros deben tenerlas igualmente, por ser parte de la misma administración general.

Esas razones nos han inducido a cambiar el lema de *Regeneración*.

Por otra parte, continuaremos tratando los asuntos jurídicos como hasta la fecha y seguiremos haciendo las críticas, quizá un tanto amargas, pero por esa razón no menos justas, de los actos de los empleados judiciales.

Ojalá nuestros esfuerzos sean simpáticos al público, que es nuestro juez y cuyo fallo respetuosamente esperamos.

REGENERACIÓN Nº 20. 31 Diciembre 1900

3. "Carta de Laredo"

Laredo, Texas, Febrero 11 de 1904.

ESTIMADO amigo y correligionario:

Desde una tierra extranjera a que hemos venido a buscar la libertad precisa para nuestros trabajos por la noble causa liberal, nos dirigimos a Ud. ya que tenemos el honor de contarlo entre los buenos compatriotas y leales correligionarios que siempre nos han prestado su ayuda y nos han alentado con su aplauso en la lucha que sostenemos contra la Dictadura que humilla a nuestra patria y envilece al pueblo mexicano.

Dados los antecedentes de esta campaña desigual, comprenderá Ud. como lo hemos comprendido nosotros que toda labor política en México se hace imposible en las actuales circunstancias en que el Gobierno se ha desenmascarado por completo y en que con todo cinismo se nos impide ejercitar cualquier derecho, se nos atropella hasta sin pretexto, y por último se prohibe terminantemente la publicación de nuestros periódicos en vista de que ni las vejaciones ni las cárceles lograron agotar nuestras energías para amar y defender los buenos principios.

Hace más de tres años que se nos persigue, pero sin resultado. Los brutales asaltos a los Clubs Liberales de San Luis Potosí y de Lampazos, el encarcelamiento ilegal de miembros de Clubs en San Nicolás Tolentino y en Valles, en Pichucalco y en Pachuca y en muchas partes más, sólo sirvieron para aumentar nuestros bríos; los inicuos procesos contra periódicos independientes como *Regeneración, Renacimiento, Excélsior, El Hijo del Ahuizote, Vesper, El Demófilo* y tantos otros en que tuvimos parte, no nos desconcertaron, y tampoco nos hicieron vacilar las vejaciones personales, las incomunicaciones de un mes o más en las llamadas cartucheras de la Prisión Militar o en las infectas y húmedas bartolinas de Belem. Soportamos impasibles el saqueo de nuestros bienes y útiles, el robo descarado, proceso por proceso, de nuestras varias imprentas de San Luis Potosí y de México, cuyo valor representa una fuerte suma y con las cuales se ha quedado el Gobierno sin pensar jamás en devolverlas.

Parecidos atropellos hubiéramos seguido sufriendo sin cejar, si se nos hubiera dejado el último y único derecho que nos quedaba: el publicar nuestros periódicos aunque fuera desde las galeras de la cárcel. Pero hasta esa postrera garantía se nos ha arrebatado ya. Efectuando una violación a la ley como nunca se había visto ni aun en México, llevando el cinismo y el descaro al grado más inaudito, el autócrata Díaz ordenó al juez de la causa contra *El Hijo del Ahuizote, Excélsior y Vesper* que prohibiera la publicación de nuestros periódicos. El juez que, como todos los funcionarios de la administración de Díaz, no es más que un lacayo, obedeció al pie de la letra la orden del dictador, y del auto que formuló resultó que si nuestros periódicos se publicaban en México serían recogidos por la autoridad, se les quitarían a los papeleros y demás expendedores de ellos, y se impediría su libre curso en el correo, cosa que no sucederá publicándose nuestros periódicos en Estados Unidos, en virtud de la Unión Postal que compromete al Gobierno a no impedir el libre curso de los paquetes postales.

En tales condiciones, nuestra lucha se hacía del todo imposible en México. ¿Cómo podríamos trabajar si no podemos tener clubs, si no podemos hablar ni escribir, si no quedan ni vestigios de los arts. 6º, 7º y 9º constitucionales, si se nos arrebata todo derecho y toda garantía?

No nos quedaban más que dos caminos: o dejar la lucha, o venir a proseguirla a un lugar en que tuviéramos libertad para ello. Nos decidimos por lo último desde hace algunos meses y emprendimos el viaje según nos obligaron las circunstancias a hacerlo.

Cuando los Sres. Arriaga y Díaz Soto, en representación del Club "Ponciano Arriaga" se constituyeron en acusadores de Bernardo Reyes por los asesinatos del 2 de abril en Monterrey, fueron tenazmente perseguidos y amagados hasta que en vista de que se les negaba toda justicia, decidieron venir a Estados Unidos buscando refugio y libertad para la lucha. Pero los recursos les faltaron para una empresa periodística o cualquier otro trabajo de importancia.

Los Sres. Flores Magón, Sarabia y De la Hoz y De la Vega, aun sin reunir la cantidad necesaria para continuar la lucha, tuvieron que emprender su viaje porque la Suprema Corte de Justicia les negó el amparo que habían solicitado en el proceso contra *El Hijo del Ahuizote,* y era seguro que, de quedarse en México, perderían con ese fallo la libertad bajo fianza de que disfrutaban e ingresarían de nuevo a la prisión donde, aislados y sin elementos para la lucha, estarían reducidos a la impotencia más absoluta. Todos veríamos entonces perdidos para siempre nuestros trabajos y sacrificios de tanto tiempo, y el pueblo de nuestra patria vería perdida toda esperanza de regeneración y de libertad, mientras que la Dictadura, soberbia y triunfadora, acabaría por destruir toda consideración y toda ley, proseguiría con más audacia su obra de envilecimiento y convertiría la nacionalidad mexicana en burla y en escarnio de los pueblos civilizados y libres.

En cumplimiento de nuestro deber y en defensa de nuestra causa, hemos hecho cuanto nos ha sido posible. Ahora que los azares de la lucha nos arrojan a extraño suelo; ahora que llegamos al último sacrifico, al de abandonar la patria para poder luchar por ella, toca a nuestros conciudadanos compatriotas, a nuestros correligionarios y amigos, ayudarnos con los recursos de que carecemos y que son precisos para la reanudación de los trabajos, para la fundación de periódicos y para la propaganda de las altas ideas y de los nobles principios que encarnan la emancipación y el adelanto de nuestro pueblo.

A Ud. en quien confiamos y a quien conocemos como leal y entusiasta partidario de nuestra causa, nos permitimos comisionarlo para que colecte entre los buenos liberales de su conocimiento en esa población, o en otras, las cantidades con que deseen y puedan contribuir a la prosecución de nuestros trabajos. Sólo esperamos tener una buena suma para continuar nuestra labor, y esperamos del patriotismo de Ud. y sus amigos que lo sean nuestros, la ayuda que la causa de la libertad requiere.

Hasta hoy habíamos trabajado ateniéndonos a nuestros propios recursos, pero ya que en la lucha los hemos agotado, esperamos que los correligionarios nos presten la ayuda pecuniaria que nuestras empresas políticas reclaman.

El envío de lo que logre Ud. reunir le suplicamos nos lo haga por Express, por giro postal internacional, o en billetes de banco por carta certificada con la siguiente dirección: Srta. Sara Estela Ramírez. Lincoln Street 1802. Antonio Méndez E. Market Street 1517. Laredo, Texas U.S.A.

La Srta. Remírez es una digna correligionaria que siempre ha colaborado y colabora activamente en nuestros trabajos, y que firma con nosotros la presente. No queremos que la correspondencia traiga nuestros nombres porque sería detenida en las oficinas de correos de México, como ha pasado ya otras veces.

Suplicándole perdone la molestia que le inferimos y anticipándole las gracias por el servicio que indudablemente prestará a la causa, tenemos el honor de suscribirnos como afmos. amigos y correligionarios.

Camilo Arriaga. R. Flores Magón. Santiago de la Hoz. Juan Sarabia. E. Flores Magón.

P. D. Suplicamos a Ud. que con los fondos que reúna envíe también la lista de las personas que contribuyeron y su dirección, pues deseamos conocerlas para reintegrarles, tan luego como podamos, las cantidades con que nos ayuden y que consideramos como préstamos.

Asimismo suplicamos a Ud. que invite a las personas de su confianza a que hagan igual colecta, advirtiéndoles que no publicaremos las listas que recibamos, para que el Gobierno de México no persiga a las personas que nos favorezcan.

4. "Bases Para La Unificación del Partido Liberal Mexicano"

I. Se constituye la Junta Organizadora del Partido Liberal Mexicano, con el personal que firma el presente Manifiesto. La Junta existirá públicamente, y residirá en un país extranjero para estar a salvo, hasta donde es posible, de los atentados del Gobierno de México. Trabajará por la organización del Partido Liberal y con los elementos que los correligionarios le proporcionen, luchará por todos los medios, contra la dictadura de Porfirio Díaz. *Regeneración* será el órgano oficial de la Junta.

II. Los ciudadanos mexicanos que estén de acuerdo con las ideas de este Manifiesto y anhelen la libertad de la Patria, constituirán en las poblaciones en que residan, agrupaciones secretas que estarán en comunicación con esta Junta. Se aconseja a los correligionarios que en dichas agrupaciones prescindan de inútiles formalidades. Lo único que se pide es que los ciudadanos liberales de cada población se reúnan de tiempo en tiempo para tratar de los asuntos políticos del país y mantengan correspondencia con esta Junta, ya para comunicarle noticias políticas, ya para proproponerle proyectos, o ya simplemente para conservar con ella las relaciones establecidas. Se encarece a los correligionarios que constituyan uniones lo más numerosas posible; pero si en algunas partes sólo hay un ciudadano de nuestras ideas, que no por su aislamiento deje de dirigirse a nosotros.

III. Los grupos o ciudadanos que secunden la presente excitativa, lo comunicarán a esta Junta, que inscribirá sus nombres entre los miembros del Partido que se reorganiza. Esos grupos y ciudadanos enviarán mensualmente a la Junta, según sus recursos y la voluntad de cada uno, una contribución que se invertirá en los gastos que requiere el cumplimiento de la cláusula siguiente.

IV. La Junta, aparte de sus trabajos propios, procurará el fomento de publicaciones oposicionistas en México, distribuirá fondos entre los luchadores liberales que se encuentren en la pobreza, sostendrá a los que la Dictadura encarcele y despoje; y si se dan casos en que un funcionario público pierda su posición por haber cumplido con su deber, también lo ayudará. Anhelamos hacer efectiva la solidaridad entre los liberales y para ello contamos con el apoyo eficaz de nuestros correligionarios.

V. La Junta guardará absoluto secreto sobre los nombres de los adeptos. No comunicará entre sí a las distintas agrupaciones o personas afiliadas, sino hasta convencerse de que son verdadaderamente leales a la causa. Pero si algún miembro del Partido no desea en ningún caso ser comunicado con los demás, se servirá declararlo y la Junta respetará su voluntad.

Por estos medios nos organizaremos sin peligro, y cuando tenga fuerza nuestro Partido, podrá desplegar sus banderas y entablar la lucha decisiva, frente a la odiosa tiranía.

Mexicanos:

Inmensos son vuestros infortunios, tremendas vuestras miserias, y muchos y terribles los ultrajes que han humillado vuestra frente en seis amargos lustros de despotismo. Pero sois patriotas, sois honrados y nobles, y no permitiréis que eternamente prevalezca el crimen. El Partido Liberal os llama a una lucha santa por la redención de la Patria: responded al llamamiento, agrupaos bajo los estandartes de la Justicia y del Derecho y de nuestros esfuerzos y de nuestro empuje, surja augusta la Patria, para siempre redimida y libre.

Reforma, Libertad y Justicia.

St. Louis, Mo., Septiembre 28 de 1905.

Presidente, *Ricardo Flores Magón.* Vicepresidente, *Juan Sarabia.* Secretario, *Antonio I. Villarreal.* Tesorero, *Enrique Flores Magón.* 1er Vocal, Profesor *Librado Rivera.* 2º Vocal, *Manuel Sarabia.* 3er. Vocal, *Rosalío Bustamante.*

REGENERACIÓN. 30 Septiembre 1905

5. "Manifiesto a la Nación del Plan del Partido Liberal Mexicano de 1906"

Mexicanos:

He aquí el Programa, la bandera del Partido Liberal, bajo la cual debéis agruparos los que no hayáis renunciado a vuestra calidad de hombres libres, los que os ahoguéis en esa atmósfera de ignominia que os envuelve desde hace treinta años, los que os avergoncéis de la esclavitud de la Patria, que es vuestra propia esclavitud, los que sintáis contra vuestros tiranos esas rebeliones de las almas indóciles al yugo, rebeliones benditas, porque son la señal de que la dignidad y patriotismo no han muerto en el corazón que las abriga.

Pensad, mexicanos, en lo que significa para la Patria la realización de este Programa que hoy levanta el Partido Liberal como un pendón fulgurante, para llamaros a una lucha santa por la libertad y la justicia, para guiar vuestros pasos por el camino de la redención, para señalaros la meta luminosa que podéis alcanzar con sólo que os decidáis a unir vuestros esfuerzos para dejar de ser esclavos. El Programa, sin duda, no es perfecto: no hay obra humana que lo sea; pero es benéfico y, para las circunstancias actuales de nuestro país, es salvador. Es la encarnación de muchas nobles aspiraciones, el remedio de muchos males, el correctivo de muchas injusticias, el término de muchas infamias. Es una transformación radical: todo un mundo de opresiones, corrupciones, de crímenes, que desaparece, para dar paso a otro mundo más libre, más honrado, más justo.

Todo cambiará en el futuro.

Los puestos públicos no serán para los aduladores y los intrigantes, sino para los que, por sus merecimientos, se hagan dignos al cariño del pueblo; los funcionarios no serán esos sultanes depravados y feroces que hoy la Dictadura protege, y faculta para que dispongan de la hacienda, de la vida y de la honra de los ciudadanos: serán, por el contrario, hombres elegidos por el pueblo que velarán por los intereses públicos, y que, de no hacerlo, tendrán que responder de sus faltas ante el mismo pueblo que los había favorecido; desaparecerá de los tribunales de justicia esa venalidad asquerosa que hoy los caracteriza, porque no habrá Dictadura que haga vestir la toga a sus lacayos, sino pueblo que designará con sus votos a los que deban administrar justicia, y porque la responsabilidad de los funcionarios no será un mito en la futura democracia; el trabajador mexicano dejará de ser, como es hoy, un paria en su propio suelo: dueño de sus derechos, dignificado, libre para defenderse de esas explotaciones villanes que hoy le imponen por la fuerza, no tendrá que trabajar más que ocho horas diarias, no ganará menos de un peso de jornal, tendrá tiempo para descansar de sus fatigas, para solazarse y para instruirse, y llegará a disfrutar de algunas comodidades que nunca podría procurarse con los actuales salarios de $ 0.50 y hasta de $ 0.25; no estará allí la Dictadura para aconsejar a los capitalistas que roben al trabajador y para proteger con sus fuerzas a los extranjeros que contestan con una lluvia de balas a las pacíficas peticiones de los obreros mexicanos: habrá en cambio un Gobierno que, elevado por el pueblo, servirá al pueblo, y velará por sus compatriotas, sin atacar a derechos ajenos, pero también sin permitir las extralimitaciones y abusos tan comunes en la actualidad; los inmensos terrenos que los grandes propietarios tienen abandonados y sin cultivo dejarán de ser mudos y desolados testimonios de infecundo poderío de un hombre, y, recogidos por el Estado, distribuidos entre los que quieran trabajarlos, se convertirán en alegres y feraces campos, que darán el sustento a muchas honradas familias: habrá tierras para todo el que quiera cultivarlas, y la riqueza que produzcan no será ya para que la aproveche un amo que no puso el menor esfuerzo en arrancarla, sino que será para el activo labrador que después de abrir el surco y arrojar la semilla con mano trémula de esperanza, levantará la cosecha que le ha pertenecido por su fatiga y su trabajo; arrojados del poder los vampiros insaciables que hoy lo explotan y para cuya codicia son muy pocos los más onerosos impuestos y los empréstitos enormes de que estamos agobiados, se reducirán considerablemente las contribuciones; ahora, las fortunas de los gobernantes salen del Tesoro Público: cuando esto no suceda, se habrá realizado una gigantesca economía, y los impuestos tendrán que rebajarse, suprimiéndose en absoluto, desde luego, la contribución personal y el impuesto sobre capital moral, exacciones verdaderamente intolerables; no habrá servicio militar obligatorio, ese pretexto con que los actuales caciques arrancan de su hogar a los hombres, a quienes odian por su altivez o porque son el obstáculo para que los corrompidos tiranuelos abusen de débiles mujeres, se difundirá la instrucción, base del progreso y del engrandecimiento de todos los pueblos; el Clero, ese traidor impenitente, ese súbdito de Roma y enemigo irreconciliable de las libertades patrias, en vez de tiranos a quienes servir y de quienes recibir protección, encontrará leyes inflexibles, que pondrán coto a sus excesos y lo reducirán a mantenerse dentro de la esfera religiosa; la manifestación de las ideas no tendrá ya injustificadas restricciones que le impidan juzgar libremente a los hombres públicos: desaparece la inviolabilidad de la vida privada, que tantas veces ha sido el escudo de la corrupción y la maldad y la paz pública dejará de ser un pretexto para que los gobiernos persigan a sus enemigos: todas las libertades serán restituidas al pueblo y no sólo habrán conquistado los ciudadanos sus derechos políticos, sino también un gran mejoramiento económico; no sólo será un triunfo sobre la tiranía, sino también sobre la miseria. Libertad, prosperidad: he ahí la síntesis del Programa.

¡Pensad, conciudadanos, en lo que significa para la Patria la realización de estos ideales redentores; mirad a nuestro país hoy oprimido, miserable, despreciado, presa de extranjeros, cuya insolencia se agiganta por la cobardía de nuestros tiranos; ved cómo los déspotas han pisoteado la dignidad nacional, invitando a las fuerzas extranjeras a que invadan nuestro territorio; imaginad a qué desastres y a qué ignominias pueden conducirnos los traidores que toleramos en el poder, los que aconsejan que se robe y se maltrate al trabajador mexicano, los que han pretendido reconocer la deuda que contrajo el pirata Maximiliano para sostener su usurpación, los que continuamente están dando pruebas del desprecio que sienten por la nacionalidad de que estamos orgullosos los compatriotas de Juárez y de Lerdo de Tejada! Contemplad, mexicanos, ese abismo que abre a vuestros pies la Dictadura, y comparad esa negra sima con la cumbre radiosa que os señala el Partido Liberal para que os dispongáis a ascenderla.

Aquí, la esclavitud, la miseria, la vergüenza, allá, la liberación, el bienestar, el honor; aquí, la Patria encadenada, exangüe por tantas explotaciones, sometida a lo que los poderes extranjeros quieran hacer de ella, pisoteada su dignidad por propios y extraños; allá, la Patria sin yugos, próspera, con la prosperidad de todos sus hijos, grande y respetada por la altiva independencia de su pueblo; aquí el despotismo con todos sus horrores; allá la libertad con toda su gloria. ¡Escoged!

Es imposible presentaros con simples y entorpecidas palabras el cuadro soberbio y luminoso de la Patria de mañana, redimida, dignificada, llena de majestad y de grandeza. Pero no por eso dejaréis de apreciar ese cuadro magnífico, pues vosotros mismos lo evocaréis con el entusiasmo si sois patriotas, si amáis este suelo que vuestros padres santificaron con el riego de su sangre, si no habéis renegado de vuestra raza que ha sabido aplastar despotismos y tronos, si no os habéis resignado a morir como esclavos bajo el carro triunfal del cesarismo dominante. Es inútil que nos esforcemos en descorrer a vuestros ojos el velo del futuro, para mostraros lo que está tras él: vosotros miráis lo que pudiéramos señalaros. Vosotros consoláis la tristeza de nuestra actual servidumbre, evocando el cuadro de la Patria libre del porvenir; vosotros, los buenos mexicanos, los que odiáis el yugo, ilumináis las negruras del la opresión presente con la visión radiosa del mañana y esperáis que de un momento a otro se realicen vuestros ensueños de libertad.

De vosotros es de quien la Patria espera su redención, de vosotros, los buenos hijos, los inaccesibles a la cobardía y a la corrupción que los tiranos siembran en torno suyo, los leales, los inquebrantables, los que os sentís llenos de fe en el triunfo de la justicia, responded al llamado de la Patria: el Partido Liberal os brinda un sitio bajo sus estandartes, que se levantan desafiando al despotismo; todos los que luchamos por la libertad os ofrecemos un lugar en nuestras filas; venid a nuestro lado, contribuid a fortalecer nuestro partido, y así apresuraréis la realización de lo que todos anhelamos. Unámonos, sumemos nuestros esfuerzos, unifiquemos nuestros propósitos y el Programa será un hecho.

¡Utopía!, ¡ensueño!, clamarán, disfrazando su terror con filosofías abyectas, los que pretenden detener las reivindicaciones populares para no perder un puesto productivo o un negocio poco limpio. Es el viejo estribillo de todos los retrógrados ante los grandes avances de los pueblos, es la eterna defensa de la infamia. Se tacha de utópico lo que es redentor, para justificar que se le ataque o se le destruya; todos los que han atentado contra nuestra sabia Constitución se han querido disculpar declarándola irrealizable; hoy mismo, los lacayos de Porfirio Díaz repiten esa necesidad para velar el crimen del tirano, y no recuerdan esos miserables que esa Constitución que llaman tan utópica, tan inadecuada para nuestro pueblo, tan imposible de practicar, fue perfectamente realizable para gobernantes honrados como Juárez y Lerdo de Tejada. Para los malvados, el bien tiene que ser irrealizable; para la bellaquería, tiene que ser irrealizable la honradez. Los corifeos del despotismo juzgarán impracticable y hasta absurdo el Programa del Partido Liberal; pero vosotros, mexicanos que no estaréis cegados por la conveniencia y ni por el miedo; vosotros, hombres honrados que anheláis el bien de la Patria, encontraréis de sencilla realización cuanto encierra ese Programa inspirado en la más rudimentaria justicia.

Mexicanos:

Al proclamar solemnemente su Programa el Partido Liberal, con el inflexible propósito de llevarlo a la práctica, os invita a que toméis parte en esta obra grandiosa y redentora, que ha de hacer para siempre a la Patria libre, respetable y dichosa.

La decisión es irrevocable: el Partido Liberal luchará sin descanso por cumplir la promesa solemne que hoy hace al pueblo, y no habrá obstáculo que no venza ni sacrificio que no acepte por llegar hasta el fin. Hoy os convoca para que sigáis sus banderas, para que engroséis sus filas, para que aumentéis su fuerza y hagáis menos difícil y reñida la victoria. Si escucháis el llamamiento y acudís al puesto que os designa vuestro deber de mexicanos, mucho tendrá que agradeceros la Patria, pues apresuraréis su redención; si veis con indiferencia la lucha santa a que os invitamos, si negáis vuestro apoyo a los que combatimos por el derecho y la justicia, si, egoístas o tímidos, os hacéis con vuestra inacción cómplices de los que nos oprimen, la Patria no os deberá más que desprecio y vuestra conciencia sublevada no dejará de avergonzaros con el recuerdo de vuestra falta. Los que neguéis vuestro apoyo a la causa de la libertad, mereceréis ser esclavos.

Mexicanos:

Entre lo que os ofrece el despotismo y lo que os brinda el Programa del Partido Liberal, ¡escoged! Si queréis el grillete, la miseria, la humillación ante el extranjero, la vida gris del paria envilecido, sostened la Dictadura que todo eso os proporciona; si preferís la libertad, el mejoramiento económico, la dignificación de la ciudadanía mexicana, la vida altiva del hombre dueño de sí mismo venid al Partido Liberal que fraterniza con los dignos y los viriles, y unid vuestros esfuerzos a los de todos los que combatimos por la justicia, para apresurar la llegada de ese día radiante en que caiga para siempre la tiranía y surja la esperada democracia con todos los esplendores de un astro que jamás dejará de brillar en el horizonte sereno de la Patria.

Reforma, Libertad y Justicia

Saint Louis, Mo., Julio 1º de 1906.
La Junta Organizadora.

6. "Vamos Hacia La Vida"

(Escrito en San Francisco, California
en Julio 1907)

No vamos los revolucionarios en pos de una quimera: vamos en pos de la realidad. Los pueblos ya no toman las armas para imponer un dios o una religión; los dioses se pudren en los libros sagrados; las religiones se deslíen en las sombras de la indiferencia. El Korán, los Vedas, la Biblia, ya no esplenden: en sus hojas amarillentas agonizan los dioses tristes como el sol en crepúsculo de invierno.

Vamos hacia la vida. Ayer fue el cielo el objetivo de los pueblos: ahora es la tierra. Ya no hay manos que empuñen las lanzas de los caballeros. La cimitarra de Alá yace en las vitrinas de los museos. Las hordas del dios de Israel se hacen ateas. El polvo de los dogmas va desapareciendo al soplo de los años.

Los pueblos ya no se rebelan, porque prefieren adorar un dios en vez de otro. Las grandes conmociones sociales que tuvieron su génesis en las religiones, han quedado petrificadas en la historia. La Revolución Francesa conquistó el derecho de pensar; pero no conquistó el derecho de vivir, y a tomar este derecho se disponen los hombres conscientes de todos los países y de todas las razas.

Todos tenemos derecho de vivir, dicen los pensadores, y esta doctrina humana ha llegado al corazón de la gleba como un recio bienhechor. Vivir, para el hombre, no significa vegetar. Vivir significa ser libre y ser feliz. Tenemos, pues, todos derecho a la libertad y a la felicidad.

La desigualdad social murió en teoría al morir la metafísica por la rebeldía del pensamiento. Es necesario que muera en la práctica. A este fin encaminan sus esfuerzos todos los hombres libres de la tierra.

He aquí por qué los revolucionarios no vamos en pos de una quimera. No luchamos por abstracciones, sino por materialidades. Queremos tierra para todos, para todos pan. Ya que forzosamente ha de correr sangre, que las conquistas que se obtengan beneficien a todos y no a determinada casta social.

Por eso nos escuchan las multitudes; por eso nuestro voz llega hasta las masas y las sacude y las despierta, y, pobres como somos, podemos levantar un pueblo.

Somos la plebe; pero no la plebe de los faraones, mustia y doliente; ni la plebe de los césares, abyecta y servil; ni la plebe que bate palmas al paso de Porfirio Díaz. Somos la plebe rebelde al yugo; somos la plebe de Espartaco, la plebe que con Munzer proclama la igualdad, la plebe que con Camilo Desmoulins aplasta la Bastilla, la plebe que con Hidalgo incendia Granaditas, somos la plebe que con Juárez sostiene la Reforma.

Somos la plebe que despierta en medio de la francachela de los hartos y arroja a los cuatro vientos como un trueno esta frase formidable: "¡Todos tenemos derecho a ser libres y felices!" Y el pueblo, que ya no espera que descienda a algún Sinaí la palabra de Dios grabada en unas tablas, nos escucha. Debajo de las burdas telas se inflaman los corazones de los leales. En las negras pocilgas, donde se amontonan y pudren los que fabrican la felicidad de los de arriba, entra un rayo de esperanza. En los surcos medita el peón. En el vientre de la tierra el minero repite la frase a sus compañeros de cadenas. Por todas partes se escucha la respiración anhelosa de los que van a rebelarse. En la obscuridad, mil manos nerviosas acarician el arma y mil pechos impacientes consideran siglos los días que faltan para que se escuche este grito de hombres: ¡rebeldía!

El miedo huye de los pechos: sólo los viles lo guardan. El miedo es un fardo pesado, del que se despojan los valientes que se avergüenzan de ser bestias de carga. Los fardos obligan a encorvarse, y los valientes quieren andar erguidos. Si hay que soportar algún peso, que sea un peso digno de titanes; que sea el peso del mundo o de un universo de responsabilidades.

¡Sumisión! es el grito de los viles; ¡rebeldía! es el grito de los hombres. Luzbel, rebelde, es más digno que el esbirro Gabriel, sumiso.

Bienaventurados los corazones donde enraiza la protesta. ¡Indisciplina y rebeldía!, bellas flores que no han sido debidamente cultivadas.

Los timoratos palidecen de miedo y los hombres "serios" se escandalizan al oír nuestras palabras; los timoratos y los hombres "serios" de mañana las aplaudirán. Los timoratos y los "serios" de hoy, que adoran a Cristo, fueron los mismos que ayer lo condenaron y lo crucificaron por rebelde. Los que hoy levantan estatuas a los hombres de genio, fueron los que ayer los persiguieron, los cargaron de cadenas o los echaron a la hoguera. Los que torturaron a Galileo y le exigieron su retractación, hoy lo glorifican; los que quemaron vivo a Giordano Bruno, hoy lo admiran; las manos que tiraron de la cuerda que ahorcó a John Brown, el generoso defensor de los negros, fueron las mismas que más tarde rompieron las cadenas de la esclavitud por la guerra de secesión; los que ayer condenaron, excomulgaron y degradaron a Hidalgo, hoy lo veneran; las manos temblorosas que llevaron la cicuta a los labios de Sócrates, escriben hoy llorosas apologías de ese titán del pensamiento.

"Todo hombre—dice Carlos Malato—es a la vez el *reaccionario* de otro hombre y el *revolucionario* de otro también."

Para los reaccionarios—hombres "serios" de hoy—somos revolucionarios; para los revolucionarios de mañana nuestros actos habrán sido de hombres "serios." Las ideas de la humanidad varían siempre en el sentido del progreso, y es absurdo pretender que sean inmutables como las figuras de las plantas y los animales impresas en las capas geológicas.

Pero si los timoratos y los hombres "serios" palidecen de miedo y se escandalizan con nuestra doctrina, la gleba se alienta. Los rostros que la miseria y el dolor han hecho feos, se transfiguran; por las mejillas tostadas ya no corren lágrimas; se humanizan las caras, todavía mejor, se divinizan, animadas por el fuego sagrado de la rebelión. ¿Qué escultor ha esculpido jamás un héroe feo? ¿Qué pintor ha dejado en el lienzo la figura deforme de algún héroe? Hay una luz misteriosa que envuelve a los héroes y los hace deslumbradores. Hidalgo, Juárez, Morelos, Zaragoza, deslumbran como soles. Los griegos colocaban a sus héroes entre los semidioses.

Vamos hacia la vida; por eso se alienta la gleba, por eso ha despertado el gigante y por eso no retroceden los bravos. Desde su Olimpo, fabricado sobre las piedras de Chapultepec, un Júpiter de zarzuela pone precio a las cabezas de los que luchan; sus manos viejas firman sentencias de caníbales; sus canas deshonradas se rizan como los pelos de un lobo atacado de rabia. Deshonra de la ancianidad, este viejo perverso se aferra a la vida con la desesperación de un náufrago. Ha quitado la vida a miles de hombres y lucha a brazo partido con la muerte para no perder la suya.

No importa; los revolucionarios vamos adelante. El abismo no nos detiene: el agua es más bella despeñándose.

Si morimos, moriremos como soles: despidiendo luz.

Ricardo Flores Magón
REVOLUCIÓN. Julio 1907
[Reprinted in REGENERACIÓN. October 1, 1910]

7. "Carta de la Carcel de Los Angeles"

[JUNE 13, 1908]

ESTA carta la escribo hoy, trece de junio de mil novecientos ocho, queridos hermanos Práxedis y Enrique, para comunicarles un asunto que, a mi modo de ver, es de capital importancia. La idea que paso a mostrar a ustedes se la expuse ya a nuestro compañero Librado, quien está de acuerdo con ella. Vamos al grano.

Ustedes saben tan bien como yo que ninguna revolución logra hacer prevalecer después del triunfo y hacer prácticos los ideales que la inflamaron y esto sucede porque se confía que el nuevo gobierno hará lo que debió hacer el pueblo durante la revolución.

Siempre ha sucedido lo mismo. En todas partes se enarbola una bandera con reformas más o menos importantes; se agrupan alrededor de ella los humildes; se lucha; se derrama más o menos abundantemente la sangre, y si triunfa la revolución, se reúne un congreso encargado de reducir a leyes los ideales que hicieron al pueblo tomar las armas y batirse. Al Congreso van individuos de toda clase de ideales, avanzados unos, retrógrados otros, moderados otros más, y en la lucha de todas esas tendencias las aspiraciones de la revolución se marchitan, se desvirtúan y después de largos meses, cuando no después de largos años, se vienen aprobando leyes que ni siquiera se adivinan los ideales por los cuales dio su sangre el desdichado pueblo. Pero supongamos que por un milagro se dicten leyes en las que brillen con toda su pureza los ideales de la revolución, cosa que nunca se ha visto ciertamente, porque muy pocos diputados tienen los mismos ideales que el pueblo que empuñó las armas; supongamos que el milagro se realiza y que en el caso especial de nuestra lucha, el Congreso ordena el reparto de las tierras, la jornada de ocho horas y el salario no menor de un peso ¿podremos esperar que los terratenientes se cruzarán de brazos para dejar escapar lo que los hace poderosos y les permite vivir en la holganza? Los dueños de toda clase de empresas donde se emplean brazos ¿no cerrarán sus negociaciones o, al menos, no disminuirán el número de obreros que emplean, para obligar al gobierno a revocar la ley con la amenaza del hambre del pueblo, fingiendo que les es materialmente imposible pagar más por menos horas de trabajo?

Agotados los recursos para la revolución, el pueblo se encontaría en una condición más difícil que aquella por la cual se vio obligado a rebelarse. El pueblo, sin pan, escucharía la palabra de los burgueses que dirían que se les había engañado y lo acaudillarían para derrocar al nuevo gobierno, con lo que se salvarían de perder sus tierras unos y de hacer concesiones a los trabajadores otros.

Los ricos se rebelarán cuando se trate de hacer práctico el programa del partido liberal, en caso de que, por un verdadero y único milagro en la historia de las revoluciones de los pueblos, se hubieran conservado intactos los ideales de la revolución después de su triunfo.

Como anarquistas sabemos bien todo esto. Sabemos bien lo que hay que esperar del mejor gobierno que pueda pesar sobre cualquier pueblo, y, como anarquistas, debemos poner todo lo que esté a nuestro alcance para que la revolución que está en vísperas de estallar dé al pueblo todos los beneficios que sea posible conquistar.

Para alcanzar grandes beneficios para el pueblo, beneficios efectivos, hay que obrar como anarquistas fácilmente aplastados aun por los mismos que nos tienen por jefes. Todo se reduce a mera cuestión de táctica. Si desde un principio nos hubiéramos llamado anarquistas, nadie, a no ser unos cuantos, nos habría escuchado. Sin llamarnos anarquistas hemos ido prendiendo en los cerebros ideas de odio contra la clase poseedora y contra la casta gubernamental. Ningún partido liberal en el mundo tiene las tendencias anticapitalistas del que está próximo a revolucionar en México, y eso se ha conseguido sin decir que somos anarquistas, y no lo habríamos logrado ni aunque nos hubiéramos titulado no ya anarquistas como somos, sino simplemente socialistas. Todo es, pues, cuestión de táctica.

Debemos dar las tierras al pueblo en el curso de la revolución; de ese modo no se engañará después a los pobres. No hay un solo gobierno que pueda beneficiar al pueblo contra los intereses de la burguesía. Esto lo saben bien ustedes como anarquistas y, por lo mismo, no tengo necesidad de demostrarlo con razonamientos o con ejemplos. Debemos también dar posesión al pueblo de las fábricas, las minas, etc. Para no echarnos encima a la nación entera, debemos seguir la misma táctica que hemos ensayado con tanto éxito: nos seguimos llamando liberales en el curso de la revolución, pero en realidad iremos propagando la anarquía y ejecutando actos anárquicos. Iremos despojando a los burgueses y restituyendo al pueblo. He aquí el medio que se me ocurre y que someto a la atención de ustedes: En virtud de la revolución las fábricas, las haciendas, las minas, los talleres, etc., van a cerrar sus puertas, no porque los trabajadores tomen las armas, pues no todos las tomarán, sino por otras razones entre las cuales pueden contarse las paralización o amortizamiento de las transacciones comerciales debido a la inseguridad que hay para los intereses en tiempos en que el respeto a la autoridad está relajado, y la orden en todos los lugares dominados por la revolución de que no se pague a los trabajadores menos de un peso por la jornada establecida de ocho horas. La consecuencia de ese proceder de la burguesía será el hambre, porque agotadas las existencias no se da paso a producir más.

Nosotros no debemos esperar a que llegue el hambre, por lo mismo, tan pronto como una hacienda paralice sus trabajos, una fábrica cierre sus puertas, una mina deje de extraer metal, etc., invocaremos la utilidad pública de que no cese el trabajo, cualquiera que haya sido el pretexto de los amos para suspenderlo, y con la razón de que es preciso reanudar los trabajos, para impedir el pauperismo, daremos a los trabajadores las negociaciones que hayan cerrado los burgueses, para que ellos las sigan explotando bajo un pie de igualdad.

Para evitar que los trabajadores así beneficiados pretendan hacerse burgueses a su vez, se prescribirá que todo el que entre a trabajar a esas negociaciones tendrá derecho a participar una parte igual a la de los demás. Los trabajadores mismos administrarán esas negociaciones.

Si se trata de haciendas sería injusto dar todo el terreno a los trabajadores de las mismas porque entonces muchos se quedarían sin nada. Se daría a los trabajadores de haciendas lo que actualmente trabajan en ellas, reservándose lo que se utiliza para los demás pobres. Como los trabajadores de las haciendas seguirán trabajándolas conforme a este plan, los que quieran tierras de las que no se utilizan actualmente, al ver las excelencias del trabajo en común practicado por los peones redimidos en lugar de trabajar la tierra individualmente querrán trabajar en común también ellos y así no habrá necesidad de fraccionar la tierra en parcelas, con lo que se ahorrará a la Junta el odioso trabajo de dar a cada quien que lo solicite un pedazo de tierra.

Aunque queden las negociaciones en manos de los trabajadores, se prohibirá su enajenación como en el programa se prescribe para las tierras. De este modo se reanudará el trabajo en medio de la revolución y se habrá hecho obra anarquista invocando la necesidad de que no cese la producción para evitar el hambre de las masas.

Hay que tener en cuenta que no contando los trabajadores con moneda para pagarse un diario con qué comprar lo que necesiten para vivir, es preciso que ellos mismos establezcan una comisión de estadística que llevará un registro de los recursos con que cuenta cada región dominada por la revolución, así como de las necesidades de los habitantes laboriosos de las mismas regiones. Teniendo ese registro los trabajadores se cambiarán mutuamente sus productos y habrá tal exceso de producción, que podrán fácilmente sin sacrificio mantener a los soldados de la revolución. Además se aconsejará a los trabajadores que estén armados ellos mismos para defender lo que la revolución les ha dado de las embestidas que den los soldados de la tiranía, y la probable acometida que nos den los gringos o algunas otras naciones.

Al principio no molestaremos a los burgueses extranjeros, sino hasta que el pueblo casi todo tenga algo material que defender y algo para hacerse respetar. Cuando los parias tengan algo que defender veremos que no habrá uno que deje de empuñas el fusil.

Se presentarán problemas nuevos pero no creo que sean de difícil solución estando los mismos trabajadores interesados en el asunto. Vendrán, además, muchos anarquistas españoles e italianos al ver lo que está ocurriendo, y ellos ayudarán muy bien. Me parece que sería muy bueno que uno de nosotros fuera a dar una vuelta durante la revolución para animar a aquellos compañeros a darnos una buena ayuda viniéndose a agitar las masas y a dirigirlas en todo lo que se necesite. Yo creo que vendrían muchísimos y hasta se les podría costear el viaje derramándose después por todo el país una nube de compañeros.

Obrando como propongo, si no se vence al menos habrá quedado una gran enseñanza.

Ya estoy cansado. Escribo en posición tan forzada que me duele el pecho, del que, entre paréntesis, estoy ya muy enfermo. No ceso de toser, me duele la espalda y me siento mal, muy mal. Lo que me sostiene es que no me abato. El frío que continuamente hay en esta cárcel me está agravando. Pesaba yo doscientas diez y ocho libras y hoy sólo peso ciento sesenta y ocho. La cárcel es de hierro; nunca recibe un rayo de sol; el viento frío sopla de día y de noche, y delicado como he sido siempre de los pulmones, siento que no resistiré otro invierno en esta cárcel en donde no hay calentadores para los presos. Tengo un catarro muy fuerte que desde que nos metieron a la cárcel no se me quita. Se me calma dos o tres días pero para atacarme con más fuerza. En este momento estoy acalenturado. La fortuna es que no me abato y así yo mismo me doy fuerza. Pero volvamos al asunto que motiva esta carta.

Creo que es necesario que vengan muchos anarquistas para que aleccionen al pueblo. Además, es bueno hacer reimprimir folletos y libros anarquistas para que sean repartidos por millones. De ese trabajo pueden encargarse amigos de confianza.

No debemos mandar representantes cerca de los gobiernos extranjeros, porque entonces entraríamos en un mar de compromisos que quitarían a la revolución su carácter especialísimo. Deberemos cultivar relaciones internacionales, pero no con los gobiernos sino con las organizaciones obreras de todo el mundo ya sean simplemente trade-unionistas, socialistas o anarquistas.

No me ocurre algo más por lo pronto. Librado los saluda cariñosamente. Reciban un fuerte abrazo de su hermano Ricardo que mucho los quiere.

Continúo hablando del mismo hoy, quince de junio, queridos hermanos.

Va a haber burgueses muy ladinos que al ver lo que pasa a sus compañeros, no cerrarán sus negociaciones y entonces no habrá pretexto inmediato para arrebatarles la propiedad. En este caso que va a ser tal vez el más frecuente, se agitará a los obreros de esas negociaciones para que pidan "imposibles" de manera que los patrones se vean forzados a cerrar. Entonces los obreros tomarán posesión de la negociación.

Sé que de escoger dos caminos el que deba mejor seguirse para las expropiaciones la Junta puede decretarlas, o bien los obreros pueden consumarlas, y en este caso, que me parece el mejor, porque disfraza muy bien el carácter anarquista de la Junta, no tenemos más que aprobar hechos consumados. Para seguir esta última táctica hay necesidad de hacer una gran agitación entre los obreros, repartirles folletos, libros, meter entre ellos agitadores anarquistas. Todo esto se puede hacer muy bien (me refiero a la agitación) y creo que, lo que se haga por los obreros mismos, será más sólido de lo que se haga por decretos de la Junta. La cuestión es traerse, una vez comenzada y formalizada la revolución, un gran número de compañeros de Europa a fomentar en México la publicación de muchos periódicos anarquistas. Como tendremos dinero, todo eso se podrá hacer fácilmente. Sólo los anarquistas van a saber que somos anarquistas, y les aconsejaremos que no nos llamen anarquistas para no atemorizar a tanto imbécil que en el fondo de la conciencia abriga ideales como los nuestros, pero que sin saber que son ideales anarquistas, pues están acostumbrados a oír hablar de los anarquistas en términos desfavorables. Más bien que imbéciles son ignorantes. No hay que ser injustos.

Lo que se haga por los obreros mismos tendrá que ser más sólido, por ser el resultado de un esfuerzo consciente. Así, pues, creo que ésa será la major táctica; agitar a los obreros induciéndolos a que expropien. La Junta ante los hechos consumados tendrá que aprobar. Así seguiremos dando "el timo" de liberalismo en beneficio de nuestros bellos ideales.

Me parece que no tengo más que agregar.

Si Librado o yo tenemos hoy visita extraordinaria tal vez podremos echar fuera esta carta y mi anterior adjunta. Hoy es diez y siete de junio y me refiero, querido hermanito, a la tuya de ayer. Quedamos enterados de que saldrán el próximo sábado y, hermanito, deseamos que no te ocurra nada desagradable en el viaje. A Paulina o a Rómulo como lo indicas ocurriré cuando se trate o llegase aquí algo en secreto, quedando entendido de que conocen la clave.

Ayer hablé con el compañero Gaitán, quien va a El Paso con Goliat para entrar a la lucha. La compañera de Gaitán sale mañana para El Paso y convenimos en que ella te llevaría como equipaje el bulto de manifiestos. La oportunidad es brillante. Si ya enviaste a Ulibarri todos los membretes, quedará listo el asunto. Manda decir desde luego a Gaitán, Ulibarri o Loya la dirección a que deba ir el bulto de manifiestos para que no haya tropiezo. Toma nota dirección Prisciliano y de la indicación de si es a Paulita a quien debo por conducto del excelente Salvador mandar lo que para ustedes tenga para que ella le dé curso.

Ustedes con más acierto podrán resolver sobre lo que propone la formación de la primera zona de occidente, pero me parece que es muy poca la sierra para constituir una zona. Magnífica la noticia de la Unión del escuadrón Zaragoza con Díaz Guerra.

No caben rollitos más gruesos que los que se hacen con papel de fumar *wheat straw*. En ese papel me has de escribir: digo esto porque no me puede dar Salvador la carta que rompiste en cuatro. Tal vez en ella se diga sobre Díaz Quintas. Ya no es tiempo para ir a verlo, así es que no urge.

Yo también opino porque se publique *Revolución,* el nombre después de todo es lo de menos, pero por un romanticismo muy natural, me gustaría más que fuera *Regeneración* el periódico.

No tengo más que decir, querido hermanito, sino que me quedo desesperado porque también quisiera estar cerca del teatro de los próximos deseados sucesos.

Yo creo que ahora sí no podrá sofocar el viejo la revolución y que al fin el pueblo se hará justicia.

Ojalá que la sangre que se derrame sea fecunda en bienes para el proletario, y creo que lo será si nos proponemos mejor que obtener un triunfo fácil aliándonos a la burguesía obtener verdaderas libertades para el pueblo emancipándolo económicamente, paso a paso o salto a salto, como se pueda en el curso de la grandiosa revolución en cuyos umbrales nos hallamos.

Sueño con grandes, efectivas conquistas durante la revolución. No debemos titubear. Es muy posible que nuestra revolución rompa el equilibrio europeo y se decidan aquellos proletarios a hacer lo que nosotros. Tal vez si llevamos a cabo lo que propongo se nos echen encima las potencias de Europa, pero eso será el último acto de la farsa gubernamental, porque estoy seguro no nos dejarán perecer nuestros hermanos del otro lado del mar.

Si logramos tener éxito durante la revolución, esto es, si logramos ir despojando y restituyendo, no importa que se prolongue por años nuestro movimiento.

Debemos esforzarnos porque la gran mayoría de jefes y oficiales revolucionarios sean más o menos hombres de nuestro modo de pensar y, al efecto, Gaitán, como Palomares, como otros más, Loya por ejemplo, para que esté la fuerza de nuestra parte, porque hay muchos, muchísimos, que no piensan sino en su engrandecimiento personal. Teniendo el mando los libertarios haremos una gran obra.

Para jefes de las zonas donde no hay ahora grupos, debemos nombrar libertarios.

Una fenomenal propaganda libertaria se impone. Procuremos encargar nos envíen folletos los periódicos anarquistas y reimprimirlos en México con dinero que se arranque a los burgueses. Todo ese trabajo lo pueden desempeñar amigos de confianza para que la Junta siga conservando aparentemente un papel de "libre."

Siguiendo la táctica que a ustedes propongo en la adjunta carta no volveremos a tener una oportunidad mejor para trabajar por el ideal como en medio de la revolución.

Ya me despido.

Envía un fuerte abrazo a todos, y a ti, hermanito, mi grande fraternal cariño. Librado también los saluda. Saluda a todos.

Ricardo

8. "La Mujer"

Siempre han sido el niño y la mujer las víctimas escogidas de la barbarie, y sólo en ciertos países ha gozado la primera de algunos privilegios, que en ocasiones la colocan por encima del hombre socialmente, como en los clanes primitivos donde existió el matriarcado. Pero la mujer todavía no ha ocupado el verdadero lugar que como mujer le corresponde en las sociedades.

La Biblia, que consagra la impureza de la mujer, nos dice que el pueblo judío trataba inconsideradamente a las mujeres y a los niños: los padres tenían derecho absoluto sobre las hijas; las vendían como esclavas o las sacrificaban, como lo demuestra el célebre caso de Jafté, y el atroz culto de Moloch, que puso en práctica la quema de niños vivos, y especialmente de niñas, en todos los pueblos de raza semítica. Los judíos acostumbraron el monopolio de las mujeres por los ricos. Salomón nos da un ejemplo de ello, y debido a eso se produjeron, naturalmente en los pobres, los repugnantes vicios de que la misma Biblia nos habla, acarreando el consiguiente rebajamiento en las costumbres, cuyas víctimas de preferencia lo fueron las mujeres.

En el antiguo Egipto, donde los pobres fallahs construyeron a fuerza de látigo y palo, gigantescos monumentos al servilismo y al orgullo, que la erosión de los vientos no ha podido destruir en el transcurso de miles de años, la mujer tuvo privilegios extraordinarios: estipulaba libremente las cláusulas de los contratos matrimoniales, podía obtener el divorcio con sólo manifestar su deseo de no continuar unida a su marido y no pocas veces obligaban a éste a la servidumbre, exactamente como ahora exigen muchos maridos que llevan el título de civilizados, la servidumbre de la mujer.

Las mujeres de la India, por el contrario de las egipcias, padecían la tiranía de horribles costumbres: las viudas se quemaban vivas a la muerte de sus maridos. No eran obligadas por la violencia al sacrificio; los hombres hallaron el medio de llevarlas voluntariamente a la pira inculcándoles absurdas nociones de honor y explotando su vanidad, su orgullo y casta, porque es de saber que sólo las mujeres de los personajes se quemaban. Las mujeres pobres, pertenecientes a las castas consideradas como inferiores, se confundían con sus hijos en la degradación; su vida no ofrece nada de atractivo.

China es otro de los países más funestos para la mujer: la autoridad paternal era y es allá despótica, al igual que la autoridad del marido; "la mujer no es más que una sombra o un eco en la casa," según dice el proverbio; la mujer no puede manifestar preferencia ninguna porque los preceptos del pudor se ofenderían; se ha de considerar contenta con el marido que se la asigna, viejo o muchacho, repugnante o pasadero; el matrimonio es simplemente una venta. La mórbida sensualidad de los chinos llega hasta la mutilación de los pies femeninos y otros refinamientos comunes entre los ricos. Como en la India, en China se acostumbró el suicidio de las viudas, aunque sin la concurrencia de la hoguera y premiándose con inscripciones encomiásticas en los templos. En infanticidio es cosa corriente, sobre todo en las niñas.

Los griegos, con todo y su poderosa mentalidad no fueron muy humanos con sus mujeres: Esquilo, poeta y filósofo, defensor de las instituciones patriarcales, llega a la peregrina teoría de que la mujer no es madre de su hijo, sino un temporal depositario del hijo del hombre. El gineceo era el lugar destinado para las mujeres helénicas; aunque se adiestran con frecuencia en los gimnasios, y en una época las jóvenes llegaron a recibir educación especial para el amor, nunca se las vio en realidad como iguales del hombre. El matrimonio no era cuestión de inclinación; se unía a los jóvenes más robustos y hermosos con las doncellas mejor formadas, como se procede en las ganaderías para el mejoramiento de las razas. Los niños recibían una educación militar; para mantenerse superiores sobre sus esclavos y vecinos, los griegos formaban su espíritu, pues el intelecto griego, brillante en algunas facetas, permaneció oscuro en muchas, a pesar de las exageradas alabanzas que se hacen de la cultura ateniense; matando a los niños raquíticos y deformes, ejercitando a los otros en la lucha, en la carrera, en toda suerte de juegos corporales, hicieron buenos guerreros, de cuerpos ágiles, de formas bellas y gallardas; pero con la disciplina detuvieron el desarrollo intelectual de la raza, que de otro manera habría alcanzado alturas y esplendores mayores.

Una tribu de Madagascar, los hoyas, puede dar ejemplo de buen trato a la mujer a muchos de los pueblos tenidos por civilizados. También saben las mujeres hoyas comprender su situación, que designan respectivamente a sus vecinas las mujeres de los negros del Senegal, civilizados militarmente por los franceses, con el nombre de "mulas," porque estas infelices viven sujetas a los trabajos más rudos y humillantes.

Los calumniados beduinos nómadas tienen rasgos que los abonan; entre ellos un delincuente podía librarse del castigo, si lograba colocar la cabeza debajo del manto de una mujer exclamando: "me pongo bajo tu protección."

Diferente, como se ve, ha sido la suerte de las mujeres. Entre los judíos fue una esclava impura y vendible, propiedad absoluta del padre. En el Egipto pudo ejercer tiranía sobre el hombre; en la India fue un apéndice que debía desaparecer con el dueño; en la China, víctima de la sensualidad y los celos masculinos, tuvo y tiene una triste suerte; en Grecia se le consideró, con algunas excepciones, como un objeto;

106

entre los hoyas, los beduinos y otras tribus, ha gozado de relativa libertad y de muy simpáticos fueros. Busquémosla ahora en la situación también diversa que guarda en las naciones modernas.

La moral que las antiguas civilizaciones heredaron de los primeros núcleos sociales, conocidos con el nombre de clanes, se ha venido modificando con la evolución de las costumbres, con la desaparición de algunas necesidades y el nacimiento de otras; más en lo general la mujer permanece fuera del lugar que le corresponde, y el niño que de ella recibe el impulso inicial de su vida psíquica, se encargará, cuando llegue a hombre, de perpetuar el desacuerdo entre las dos partes que forman la humanidad. Ahora ya no se quema a las viudas con el cadáver de sus maridos, ni los padres tienen derecho de vida y muerte sobre sus hijos, como acontecía en Roma; ya no se practican "razzias" a mano armada para proveer de mujeres a los hombres de una tribu, ni se queman niños vivos bajo las narices de Moloch; las leyes escritas y las simples conveniencias sociales ejercen de verdugos de la mujer; la patria potestad se manifiesta aún en mil formas opresivas; la "trata de blancas" para proveer los harenes de los potentados, ocupa el sitio de las "razzias" violentas, y el infanticidio, resultado de la miseria y la mojigatería, es un hecho harto común en todas las clases sociales.

Fuera del campo del liberalismo que reivindica la igualdad de la mujer y del hombre, la tendencia de la época, débil todavía para romper con todos los obstáculos que se ofrecen a la emancipación de la mujer, ha motivado esa desviación conocida con el nombre de "feminismo." No pudiendo ser mujer, la mujer quiere ser hombre; se lanza con un entusiasmo digno de un feminismo más racional en pos de todas las cosas feas que un hombre puede ser y hacer; quiere desempeñar funciones de policía, de picapleitos, de tirano político y de elegir con los hombres los amos del género humano; Finlandia va a la cabeza de este movimiento, después le siguen Inglaterra y los Estados Unidos.

El "feminismo" sirve de base a la oposición de los enemigos de la emancipación de la mujer. Ciertamente no hay nada atractivo en una mujer gendarme, en una mujer alejada de la dulce misión de su sexo para empuñar el látigo de la opresión, en una mujer huyendo de su graciosa individualidad femenina, para vestir la hibridez del "hombrunamiento."

La teoría bíblica de la impureza de la mujer ha perdido su infalibilidad; la substituye la moderna "inferioridad de la mujer," con su pretendido apoyo en la ciencia.

¡Inferioridad de la mujer! Cuando para ser sinceros deberíamos decir: ¡Esclavitud de la mujer!

Incontables generaciones han pasado sometiendo a los rigores de una educación a propósito, a la mujer, y al fin, cuando los resultados de esa educación se manifiestan, cuando los prejuicios acumulados en el cerebro femenino y las cargas materiales que los hombres le echan encima, actúan de lastre en su vida, impidiendo el vuelo franco de su intelecto en los espacios libres de la idea, cuando todo lo que la rodea es opresivo y mentiroso, se viene a la conclusión de la inferioridad de la mujer, para no admitir ni confesar la desigualdad de circunstancias y la ausencia de oportunidades, que a pesar de todo, no ha impedido que la emancipación de la mujer se inicie, ayudada por los heroicos esfuerzos de ella misma. Las mujeres revolucionarias, emancipadas morales, contestan victoriosamente al cargo de superficialidad hecho a su sexo; hacen meditar con respetuosa simpatía en la suma del valor, de energía, de voluntad, de sacrificio y amarguras que su labor representa; es el mérito mayor que su rebeldía tiene, comparada con la rebeldía del hombre: el acto de la revolucionaria rusa que se desfiguró el rostro porque su belleza era un estorbo en la lucha por la libertad, revela mentalidad superior. Comparad esa acción con la de los soldados de Pompeyo, huyendo de las tropas de César, que tenían la consigna de pegarles en la cara; ved a Maximiliano de Austria rechazando la fuga por no cortarse la hermosa barba. ¿De qué lado están la superficialidad, la coquetería estúpida, la vanidad necia? Se acusa de fragilidad a la mujer y ¿se comparan esos deslices que condenan la hipocresía moral con los extravíos homosexuales, con esa prostitución infame de los países del mundo y practicada escandalosamente por representantes de las classes llamadas cultas, entre los hombres de Estado y la refinada nobleza, como hizo saber la pluma irreverente de Maximiliano Harden, en Alemania, como se descubrió ruidosamente en México en un baile íntimo de aristócratas?

La religión, cualquiera que sea la denominación con que se presente, es el enemigo más terrible de la mujer. A pretexto de consuelo, aniquila su conciencia; en nombre de un amor estéril, la arrebata al amor, fuente de la vida y la felicidad humanas; con burdas fantasmagorías, bosqueja en una poesía enfermiza, la aparta de la poesia fuerte, real, inmensa, de la existencia libre.

La religión es el auxiliar de los déspotas caseros y nacionales; su misión es la del domador; caricia o azote, jaula o lazo, todo lo que emplea conduce al fin: amansar, esclavizar a la mujer en primer término, porque la mujer es la madre y la maestra del niño y el niño será el hombre.

Otro enemigo no menos terrible tiene la mujer: las costumbres establecidas; esas venerables costumbres de nuestros mayores, siempre rotas por el progreso y siempre anudadas de nuevo por el conservatismo. La mujer no puede vivir como la libre compañera del hombre, porque las costumbres se oponen, porque una violación a ellas trae el desprecio, y la befa, y el insulto y la maldición. La costumbre ha santificado su esclavitud su eterna minoría de edad, y debe seguir siendo esclava y pupila por respeto a las costumbres, sin acordarse que costumbres sagradas de nuestros antepasados lo fueron el canibalismo, los sacrificios humanos en los altares del dios Huitzilopochtli, la quema de niños y de viudas, la horadación de las narices y los labios, la adoración de lagartos, de becerros y de elefantes. Costumbres santas de ayer son crímenes o pueriles necedades de hoy. ¿A qué, pues, tal respeto y acatamiento a las costumbres que impiden la emancipación de la mujer?

La libertad asusta a quienes no la comprenden y a aquellos que han hecho su medio de la degradación y la miseria ajenas; por eso la emancipación de la mujer encuentra cien oponentes por cada hombre que la defiende o trabaja por ella.

La igualdad libertaria no trata de hacer *hombre* a la mujer; da las mismas oportunidades a las dos facciones de la especie humana para que ambas se desarrollen sin obstáculos, sirviéndose naturalmente de apoyo, sin arrebatarse derechos, sin estorbarse en el lugar que cada uno tiene en la naturaleza. Mujeres y hombres hemos de luchar por esta igualdad racional, armonizadora de la felicidad individual con la felicidad colectiva, porque sin ella habrá perpetuamente en el hogar la simiente de la tiranía, el retoño de la esclavitud y la desdicha social. Si la costumbre es un yugo, quebremos la costumbre por más sagrada que parezca; ofendiendo las costumbres, la civilización avanza. *El qué dirán* es un freno; pero los frenos nunca han libertado pueblos, satisfecho hambres, ni redimido esclavitudes.

Praxedis Guerrero
[May have been published in *Punto Rojo* 1909—
given as a speech in 1910 in Los Angeles, California]

9. "Regeneración"

Aquí estamos. Tres años de trabajos forzados en la prisión han templado mejor nuestro carácter. El dolor es un acicate para los espíritus fuertes. El flagelo no nos somete: nos rebela.

Apenas desatados, empuñamos de nuevo la antorcha revolucionaria y hacemos vibrar el clarín de combate: *Regeneración*. Los malvados palidecen; los buenos levantan las manos y aplauden.

Regeneración es el anuncio de una nueva era. Viejo luchador es este periódico; pero siempre joven en sus entusiasmos por la libertad y la justicia, siempre viril en sus demandas por la igualdad y la fraternidad. Por eso, cuando se anunció su salida, los brazos musculosos de los trabajadores se aprestaron a sostenerlo. Es que a ellos más que a ningún otro, interesa la vida del viejo campeón de la libertad y de la dignidad humanas; es que a ellos, los esclavos del salario, los desheredados, los parias en todas las patrias les trae *Regeneración* un mensaje de enseñanza. En las humildes viviendas se iluminan los rostros en que habría puesto su sello de muerte la resignación; es que el proletariado anuncia a la familia que *Regeneración* va a salir. En la fábrica, en el taller, en la mina, la buena nueva corre de boca en boca, y parece que pesa menos la cadena; más risueño y alegre parece el sol.

En cambio, en los palacios, es otro sentimiento que domina. *Regeneración,* que es caricia y es alivio para el que trabaja y el que sufre, es fusta y es castigo para los que oprimen y explotan. El poderoso recuerda con horror con qué fuerza, con qué implacable destreza hemos dejado caer el látigo sobre sus lomos. Días y Corral, Creel y Limantour, Reyes y Olegario Molina, y mil más, si fueran desnudados por el pueblo, mostrarían en sus carnes viejas los surcos que dejó nuestro látigo al caer.

Aquí estamos, con la antorcha de la Revolución en una mano y el Programa del Partido Liberal en la otra, anunciando la guerra. No somos gemebundos mensajeros de paz: somos revolucionarios. Nuestras boletas electorales van a ser las balas que disparen nuestros fusiles. De hoy en adelante, los marrazos de los mercenarios del César no encontrarán el pecho inerme del ciudadano que ejercita sus funciones cívicas, sino las bayonetas de los rebeldes prontas a devolver golpe por golpe.

Sería insensato responder con la ley a quien no respeta la ley; sería absurdo abrir el Código para defendernos de la agresión del puñal o de la Ley Fuga. ¿Talionizan? ¡Talionicemos! ¿A balazos se nos quiere someter? ¡Sometámoslos a balazos también!

Ahora, a trabajar. Que se aparten los cobardes: no los queremos; para la Revolución sólo se alistan los valientes.

Aquí estamos, como siempre, en nuestro puesto de combate. El martirio nos ha hecho más fuertes y más resueltos: estamos prontos a más grandes sacrificios. Venimos a decir al pueblo mexicano que se acerca el día de su liberación. A nuestra vista está la espléndida aurora del nuevo día; a nuestros oídos llega el rumor de la tormenta salvadora que está próxima a desencadenarse; es que fermenta el espíritu revolucionario; es que la Patria entera es un volcán a punto de escupir colérico el fuego de sus entrañas. "¡No más paz!", es el grito de los valientes; mejor la muerte que esta paz infame. La melena de los futuros héroes flota al aire a los primeros soplos de la tragedia que se avecina. Un acre, fuerte y sano aliento de guerra vigoriza el medio afeminado. El apóstol va anunciando de oído en oído cómo y cuándo comenzará la catástrofe, y los rifles aguardan impacientes el momento de abandonar el escondite en que yacen, para lucir altaneros bajo el sol de los combates.

Mexicanos: ¡a la guerra!

Ricardo Flores Magón
REGENERACIÓN. Septiembre 3, 1910

10. "A La Mujer"

Compañeras: la catástrofe está en marcha, airados los ojos, el rojo pelo al aire, nerviosas las manos prontas a llamar a las puertas de la patria. Esperémosla con serenidad. Ella, aunque trae en su seno la muerte, es anuncio de vida, es heraldo de esperanza. Destruirá y creará al mismo tiempo; derribará y construirá. Sus puños son los puños formidables del pueblo en rebelión. No trae rosas ni caricias: trae un hacha y una tea.

Interrumpiendo el milenario festín de los satisfechos, la sedición levanta la cabeza, y la frase de Baltasar se ha convertido con los tiempos en un puño crispado suspendido sobre la cabeza de las llamadas clases directoras.

La catástrofe está en marcha. Su tea producirá el incendio en que arderán el privilegio y la injusticia. Compañeras, no temáis la catástrofe. Vosotras constituís la mitad de la especie humana, y, lo que afecta a ésta, afecta a vosotras como parte integrante de la humanidad. Si el hombre es esclavo, vosotras lo sois también. La cadena no reconoce sexos; la infamia que avergüenza al hombre os infama de igual modo a vosotras. No podéis sustraeros a la vergüenza de la opresión: la misma garra que acogota al hombre os estrangula a vosotras.

Necesario es, pues, ser solidarios en la gran contienda por la libertad y la felicidad. ¿Sois madres? ¿Sois esposas? ¿Sois hermanas? ¿Sois hijas? Vuestro deber es ayudar al hombre; estar con él cuando vacila, para animarlo; volar a su lado cuando sufre para endulzar su pena y reír y cantar con él cuando el triunfo sonríe. ¿Qué no entendéis de política? No es ésta una cuestión de política: es una cuestión de vida o muerte. La cadena del hombre es la vuestra ¡ay! y tal vez más pesada y más negra y más infamante es la vuestra. ¿Sois obreras? Por el solo hecho de ser mujer se os paga menos que al hombre y se os hace trabajar más; tenéis que sufrir las impertinencias del capataz o del amo, y si además sois bonitas, los amos asediarán vuestra virtud, os cercarán, os estrecharán a que les deis vuestro corazón, y si flaqueáis, os lo robarán con la misma cobardía con que os roban el producto de vuestro trabajo.

Bajo el imperio de la injusticia social en que se pudre la humanidad, la existencia de la mujer oscila en el campo mezquino de su destino, cuyas fronteras se pierden en la negrura de la fatiga y el hambre o en las tinieblas del matrimonio y la prostitución.

Es necesario estudiar, es preciso ver, es indispensable escudriñar página por página de ese sombrío libro que se llama la vida, agrio zarzal que desgarra lar carnes del rebaño humano, para darse cuenta exacta de la participación de la mujer en el universal dolor.

El infortunio de la mujer es tan antiguo, que su origen se pierde en la penumbra de la leyenda. En la infancia de la humanidad se consideraba como una desgracia para la tribu el nacimiento de una niña. La mujer labraba la tierra, traía leña del bosque y agua del arroyo, cuidaba el ganado, ordeñaba las vacas y las cabras, construía la choza, hacía las telas para los vestidos, cocinaba la comida, cuidaba los enfermos y los niños. Los trabajos más sucios eran desempeñados por la mujer. Si se moría de fatiga un buey, la mujer ocupaba su lugar arrastrando el arado, y cuando la guerra estallaba entre dos tribus enemigas, la mujer cambiaba de dueño; pero continuaba, bajo el látigo del nuevo amo, desempeñando sus funciones de bestia de carga.

Más tarde, bajo la influencia de la civilización griega, la mujer subió un peldaño en la consideración de los hombres. Ya no era la bestia de carga del clan primitivo ni hacía la vida claustral de las sociedades del Oriente; su papel entonces fue el de productora de ciudadanos para la patria, si pertenecía a una familia libre, o de siervos para la gleba, si su condición era de ilota.

El cristianismo vino después a agravar la situación de la mujer con el desprecio a la carne. Los grandes padres de la Iglesia fulminaron los rayos de su cólera contra las gracias femeninas: y San Agustín, Santo Tomás y otros santos, ante cuyas imágenes se arrodillan ahora las pobres mujeres, llamaron a la mujer hija del demonio, vaso de impureza, y la condenaron a sufrir las torturas del infierno.

La condición de la mujer en este siglo varía según su categoría social; pero a pesar de la dulcificación de las costumbres, a pesar de los progresos de la filosofía, la mujer sigue subordinada al hombre por la tradición y por la ley. Eterna menor de edad, la ley la pone bajo la tutela del esposo; no puede votar ni ser votada, y para poder celebrar contratos civiles, forzoso es que cuente con bienes de fortuna.

En todos los tiempos la mujer ha sido considerada como un ser inferior al hombre, no sólo por la ley, sino también por la costumbre, y a ese erróneo e injusto concepto se debe el infortunio que sufre desde que la humanidad se diferenciaba apenas de la fauna primitiva por el uso del fuego y el hacha de sílex.

Humillada, menospreciada, atada con las fuertes ligaduras de la tradición al potro de una inferioridad irracional, familiarizada por el fraile con los negocios del cielo, pero totalmente ignorante de los problemas de la tierra, la mujer se encuentra de improviso envuelta en el torbellino de la actividad industrial que necesita brazos, brazos baratos sobre todo, para hacer frente a la competencia provocada por la voracidad de los príncipes del dinero y echa garra de ella, aprovechando la circunstancia de que no está educada como el hombre para la guerra industrial, no está organizada con las de su clase para luchar con sus hermanos los trabajadores contra la rapacidad del capital.

A esto se debe que la mujer, aun trabajando más que el hombre, gana menos, y que la miseria, y el maltrato y el desprecio son hoy, como lo fueron ayer, los frutos amargos que recoge por toda una existencia de sacrificio. El salario de la mujer es tan mezquino que con frecuencia tiene que prostituirse para poder sostener a los suyos cuando en el mercado matrimonial no encuentra un hombre que la haga su esposa, otra especie de prostitución sancionada por la ley y autorizada por un funcionario público, porque prostitución es y no otra cosa, el matrimonio, cuando la mujer se casa sin que intervenga para nada el amor, sino sólo el propósito de encontrar un hombre que la mantenga, esto es, vende su cuerpo por la comida, exactamente como lo practica la mujer perdida, siendo esto lo que ocurre en la mayoría de los matrimonios.

¿Y qué podría decirse del inmenso ejército de mujeres que no encuentran esposo? La carestía de los artículos de primera necesidad, el abaratamiento cada vez más inquietante del precio del trabajo humano, como resultado del perfeccionamiento de la maquinaria, unido todo a las exigencias, cada vez más grandes, que crea el medio moderno, incapacitan al hombre económicamente a echar sobre sí una carga más: la manutención de una familia. La institución del servicio militar obligatorio que arranca del seno de la sociedad a un gran número de varones fuertes y jóvenes, merma también la oferta masculina en el mercado matrimonial. Las emigraciones de trabajadores, provocadas por diversos fenómenos económicos o políticos, acaban por reducir todavía más el número de hombres capacitados para contraer matrimonio. El alcoholismo, el juego y otros vicios y diversas enfermedades reducen aún más la cifra de los candidatos al matrimonio. Resulta de esto que el número de hombres aptos para contraer matrimonio es reducidísimo y que, como una consecuencia, el número de solteras sea alarmante, y como su situación es angustiosa, la prostitución engrosa cada vez más sus filas y la raza humana degenera por el envilecimiento del cuerpo y del espíritu.

Compañeras: éste es el cuadro espantoso que ofrecen las modernas sociedades. Por este cuadro veis que hombres y mujeres sufren por igual la tiranía de un ambiente político y social que está en completo desacuerdo con los progresos de la civilización y las conquistas de la filosofía. En los momentos de angustia, dejad de elevar vuestros bellos ojos al cielo; ahí están aquellos que más han contribuido a hacer de vosotras las eternas esclavas. El remedio está aquí, en la tierra, y es la rebelión.

Haced que vuestros esposos, vuestros hermanos, vuestros padres, vuestros hijos y vuestros amigos tomen el fusil. A quien se niegue a empuñar un arma contra la opresión, escupilde el rostro.

La catástrofe está en marcha. Jiménez y Acayucan, Palomas, Viesca, Las Vacas y Valladolid son las primeras rachas de su aliento formidable. Paradoja trágica; la libertad, que es vida, se conquista repartiendo la muerte.

Ricardo Flores Magón
REGENERACIÓN. 24 Septiembre 1910

11. "Blancos, Blancos"

Quemaron vivo a un hombre.

¿Dónde?

En la nación modelo, en la tierra de la libertad, en el hogar de los bravos, en el pedazo de suelo que todavía no sale de la sombra proyectada por la horca de John Brown: en los Estados Unidos, en un pueblo de Texas, llamado Rock Springs.

¿Cuándo?

Hoy, en el año décimo del siglo. En la época de los aeroplanos y los dirigibles, de la telegrafía inalámbrica, de las maravillosas rotativas, de los congresos de paz, de las sociedades humanitarias y animalitarias.

¿Quiénes?

Una multitud de "hombres" blancos, para usar del nombre que ellos gustan; "hombres" blancos, blancos, blancos.

Quienes quemaron vivo a ese hombre no fueron hordas de caníbales, no fueron negros del África Ecuatorial, no fueron salvajes de la Malasia, no fueron inquisidores españoles, no fueron apaches de pieles rojas, ni abisinios, no fueron bárbaros escitas ni trogloditas, ni analfabetos desnudos habitantes de las selvas; fueron descendientes de Washington, de Lincoln, de Franklin; fue una muchedumbre bien vestida, educada, orgullosa de sus virtudes, civilizada; fueron ciudadanos y "hombres" blancos de los Estados Unidos.

Progreso, Civilización, Cultura, Humanitarismo. Mentira hecha pavesa sobre los huesos calcinados de Antonio Rodríguez. Fantasías muertas de asfixia en el humo pestilente de la hoguera de Rock Springs.

Hay escuelas en cada pueblo y en cada ranchería de Texas; por esas escuelas pasaron cuando niños los "hombres" de la multitud linchadora, en ellas se moldeó su intelecto; de ahí salieron para acercar tizones a la carne de un hombre vivo y decir días después del atentado que han hecho bien, que han obrado justicieramente.

Escuelas que educan a los hombres para lanzarlos más allá de donde están las fieras.

Praxedis Guerrero
REGENERACIÓN. Noviembre de 1910

12. "La Repercusión de un Linchamiento"

La prensa diaria de esta ciudad se ha ocupado, en estos últimos días, de dar cuenta a sus lectores de supuestos ultrajes inferidos a norteamericanos en la ciudad de México, por turbas amotinadas. Los relatos de esa prensa son realmente espeluznantes; pero creemos que hay mucha exageración en ellos.

No es posible negar que en toda la América latina se opera una reacción contra el imperialismo de los Estados Unidos, que, para la vida de aquellos países como naciones autónomas, es una grave amenaza. Un sentimiento de hostilidad, cada vez más marcado, contra la política absorbente del gobierno norteamericano, se nota en aquellos pueblos.

No el pueblo norteamericano, sino la codicia de los grandes millonarios norteamericanos; la sed de oro de la plutocracia de este país ha sido el origen de ese sentimiento que hace lento y difícil el logro de la fraternidad entre los seres humanos que pueblan este Continente, pues mientras los hombres que nos hemos emancipado de los principios de raza trabajamos por crear lazos fraternales entre todos los hombres, los millonarios, los grandes negociantes, los bandidos de las finanzas, procuran con sus actos dividir a los pueblos, abrir abismos entre las diversas razas y las diversas nacionalidades, para, de ese modo, tener seguro su imperio: "divide y reinarás," dijo Maquiavelo.

Los ataques que han sufrido los pueblos latinos de América han sido motivados por la ambición de los grandes millonarios, que echan mano del patriotismo para ir a ultrajar pueblos que no han cometido otro delito que vivir sobre ricas tierras que han tentado la codicia de los vampiros de Wall Street. ¿Quién no recuerda el ataque a su soberanía sufrido por Colombia? ¿Quién ha olvidado las intrigas de los grandes millonarios de este país contra la independencia de Venezuela? ¿Para quién es un misterio que la política de la Casa Blanca sobre las naciones latinas de este Continente, es una política de absorción, es una política que tiende, además, al sostenimiento de tiranías desenfrenadas como la de Estrada Cabrera en Guatemala y la de Porfirio Díaz en México? ¿Y quién duda ya que dondequiera que aparece un Gobierno que no se somete a la vergonzosa tutela de la plutocracia norteamericana, tarde o temprano se verá comprometido ese Gobierno con revueltas interiores, fraguadas, dirigidas y fomentadas por ricos norteamericanos, siendo los puertos de los Estados Unidos los lugares de donde parten las expediciones filibusteras que van a hacer la guerra en son de revolución contra los Gobiernos de las naciones latinoamericanas que no se plegan a las exigencias del capitalismo de esta nación? ¿No es público y notorio que la revolución contra el presidente Zelaya, de Nicaragua, fue la obra de aventureros norteamericanos, pagados con el oro de Wall Street? Y como si no fuera bastante todo esto, ¿no recuerdan los mexicanos que si se derramó su sangre combatiendo contra la plutocracia de esta nación fue por la ambición de los ricos sobre las tierras de México?

Estos son hechos que hablan con toda su elocuencia. Estos son hechos que están en la memoria de todos; hechos cuyo origen está en la sed insaciable de riqueza de los grandes millonarios norteamericanos, y que han venido a levantar una muralla entre las dos razas pobladoras de este hermoso Continente; muralla que seguirá en pie, enhiesta, insuperable, y que acabaría por convertir en encarnizadas enemigas a dos fracciones importantes de la raza humana, si la propaganda de los libertarios no estuviera prendiendo en el corazón de la gleba de todas las razas sentimientos de amor y de fraternidad, que al robustecerse, derribarán esa barrera levantada por los crímenes del capitalismo, haciendo de todos los intereses uno solo, hermoso, grande: el de la solidaridad.

En México, especialmente—no hay que negarlo—existe un sentimiento de hostilidad bien marcado contra la tendencia absorbente del Gobierno de la Casa Blanca, sentimiento que de día en día se hace más hondo por la acción individual o colectiva de los norteamericanos contra los mexicanos que residen en esta nación. Todos saben con qué desprecio se trata a la raza mexicana en general, todos saben que en Texas se trata a los mexicanos de manera peor que a los negros. En los hoteles, fondas y otros establecimientos públicos de Texas, no se admite al mexicano. Las escuelas oficiales cierran sus puertas a los niños de nuestra raza. Norteamericanos semisalvajes se ejercitan al blanco en los mexicanos. ¡Cuántos hombres de nuestra raza han muerto porque a un salvaje de pelo rubio se le ha ocurrido probar su habilidad en el manejo de las armas disparando sobre ellos, sin que haya mediado disputa alguna! En las llamadas Cortes de justicia se juzga a los mexicanos, generalmente sin formalidad alguna, y se les sentencia a la horca o a sufrir penas tremendas, sin que haya habido prueba, pero ni la menor sospecha de que hayan cometido el delito por el cual se les hace sufrir. Todo esto unido al orgullo que en México muestran los norteamericanos ricos que consideran nuestro desgraciado país como país conquistado, porque el cobarde y traidor tiranuelo que nos oprime, les da todo lo que quieren, les concede todo lo que demandan, les pone en posesión de tierras cultivadas y poseídas por labradores humildes—pues son siempre los pobres los que sufren—, los autoriza ampliamente para que acaben con nuestros bosques, para que exploten para su beneficio único las riquezas de las tierras y los mares mexicanos, para que funjan como autoridades que son casi siempre más brutales que las indígenas; todo esto ha venido a elevar todavía más la barrera que el capitalismo ha puesto entre las dos razas; todo esto ha venido a dificultar la tarea de fraternidad y de amor entre las razas todas del mundo que con nuestros actos y nuestra propaganda tenemos emprendida los libertarios de la tierra.

Así las cosas, y cuando el pueblo mexicano ve en la plutocracia norteamericana al peor enemigo de sus libertades; cuando se ha dado bien cuenta de que la persecución y las torturas de que fuimos objeto en este país se debieron al deseo de los grandes millonarios norteamericanos de que subsistan en México las condiciones de tiranía y de barbarie que hacen posible para los malvados su rápido enriquecimiento; así las cosas, decimos, no se necesitaba sino un hecho cualquiera para levantar en México una tempestad de protesta, y el hecho que hizo explotar la indignación de que dan cuenta los diarios de esta ciudad es uno de tantos que han tenido por escenario las salvajes llanuras de Texas y por actores una turba de salvajes blancos lanzándose furiosos sobre un humilde mexicano. Un mexicano, Antonio Rodríguez—acusado de homicidio en la persona de una mujer norteamericana, y cuyo crimen no se llegó a probar ante los tribunales—fue amarrado a un poste por una horda de norteamericanos y se le prendió fuego en vida. Este espantoso crimen tuvo lugar en Rock Springs, Texas, el día 3 de este mes.

Los estudiantes de la ciudad de México acordaron organizar una manifestación de protesta contra ese linchamiento, la que se llevó a efecto la noche del martes 8 de este mes. Una gran multitud se reunió; se pronunciaron discursos vigorosos protestando contra el ultraje. Un grupo numeroso de manifestantes se dirigió a las oficinas del periódico norteamericano "The Mexican Herald," que, como se sabe, está sostenido por Díaz y es uno de los principales aduladores con que cuenta el despotismo. La multitud hizo pedazos, a pedradas las vidrieras del edificio.

Al día siguiente, miércoles, los estudiantes, seguidos de una inmensa multitud, recorrieron las calles principales de la ciudad lanzando gritos de protesta contra los asesinatos de que son víctimas los mexicanos en Texas. Varias casas de comercio resultaron con los cristales rotos a pedradas. Una bandera norteamericana fue tomada por la multitud y hecha pedazos, en medio de gritos de indignación por los atropellos cometidos contra mexicanos en este país.

Los periódicos dan cuenta de un norteamericano linchado y un niño descalabrado, también de nacionalidad norteamericana; pero estos hechos no están comprobados y todo se reduce al deseo que tienen los periódicos de atraerse lectores publicando noticias sensacionales.

Igualmente dieron cuenta los periódicos de que fueron arrojadas bombas de dinamita a la residencia del Embajador norteamericano en México. Pero esa noticia como la del linchamiento del norteamericano y la descalabradura del niño, carecen de fundamento.

El miércoles la multitud invadió el edificio donde se edita el periódico más abyecto y más bajo que se publica en México, "El Imparcial," y se entregó a la tarea de destruir el taller. Los gendarmes montados ocurrieron, y a machetazos dispersaron a los manifestantes, resultando un hombre pasado por el sable de uno de los cosacos.

El miércoles fue cuando ocurrieron los casos más notables. Las tropas cargaron sobre la multitud, resultando dos hombres muertos. Dispersada la multitud en un lugar, se reunía en otro de la ciudad y así sucesivamente. Hubo muchos encuentros entre los esbirros y el pueblo.

La protesta de los habitantes de la ciudad de México tuvo resonancia en Guadalajara, donde los estudiantes también organizaron una manifestación de protesta. Por varias horas las multitudes fueron dueñas de la ciudad. Muchas casas comerciales de norteamericanos fueron lapidadas. Toda la guarnición fue puesta sobre las armas, y después de varios encuentros entre manifestantes y las tropas se disolvieron las multitudes.

El Gobierno de Díaz, con su acostumbrada barbarie, tiene arrestados a más de cien estudiantes en la ciudad de México; ha dado órdenes terminantes a los polizontes y a la soldadesca de que repriman con ferocidad cualquier grito de protesta, y ante las reclamaciones del gobierno de la Casa Blanca se ha deshecho en explicaciones, satisfacciones y promesas de que va a suprimir todos los periódicos que en virtud de haber publicado artículos contra el linchamiento de Rodríguez, excitaron al pueblo a manifestar su disgusto.

Esto es todo lo que se sabe hasta los momentos de entrar en prensa *Regeneración*. El periódico católico "El País" recomienda el boycot contra los efectos norteamericanos como una protesta. Otros periódicos publican artículos enérgicos contra los crímenes de que son objeto los mexicanos en este país; pero ninguno se atreve a decir la verdad; ninguno abre los labios para decir que es el Capitalismo—el pulpo voraz que chupa la fuerza de los pueblos—el causante de todos esos disturbios, de todos esos crímenes;

pues el Capitalismo fomenta el odio de razas para que los pueblos no lleguen a entenderse y así poder reinar a sus anchas.

Ricardo Flores Magón
REGENERACIÓN. 12 Noviembre 1910

13. "Manifiesto a Todos Los Trabajadores del Mundo"

Compañeros: Hace un poco más de cuatro meses que la bandera roja del proletariado flamea en los campos de batalla de México, sostenida por trabajadores emancipados, cuyas aspiraciones se comprendían en este sublime grito de guerra: ¡Tierra y Libertad!

El pueblo de México se encuentra en estos momentos en abierta rebelión contra sus opresores, y, tomando parte en la general insurrección, se encuentran los sostenedores de las ideas modernas, los convencidos de la falacia de las panaceas políticas para redimir al proletariado de la esclavitud económica, los que no creen en la bondad de los gobiernos paternales ni en la imparcialidad de las leyes elaboradas por la burguesía, los que saben que la emancipación de los trabajadores debe ser obra de los trabajadores mismos, los convencidos de la ACCIÓN DIRECTA, los que desconocen el "sagrado derecho de propiedad," los que no han empuñado las armas para el encumbramiento de ningún amo, sino para destruir la cadena del salario. Estos revolucionarios están representados por la Junta Organizadora del Partido Liberal Mexicano (519½ E. 4th St., Los Angeles, Cal, U.S.A.) cuyo órgano oficial, *Regeneración,* explica con claridad sus tendencias.

El Partido Liberal Mexicano no lucha por derribar al dictador Porfirio Díaz para poner en su lugar a un nuevo tirano. El Partido Liberal Mexicano toma parte en la actual insurrección con el deliberado y firme propósito de expropiar la tierra y los útiles de trabajo para entregarlos al pueblo, esto es, a todos y cada uno de los habitantes de México, sin distinción de sexo. Este paso lo consideramos esencial para abrir las puertas a la emancipación efectiva del pueblo mexicano.

Ahora bien: se encuentra igualmente con las armas en la mano otro partido: el Antirreeleccionista, cuyo jefe, Francisco I. Madero, es un millonario que ha visto aumentar su fabulosa fortuna con el sudor y con las lágrimas de los peones de sus haciendas. Este partido lucha por hacer "efectivo" el derecho de votar, y fundar, en suma, una república burguesa como la de los Estados Unidos. Este partido netamente político, es, naturalmente, enemigo del Partido Liberal Mexicano, porque ve en la actividad de los liberales un peligro para la supervivencia de la república burguesa que garantiza a los políticos, a los buscadores de empleos, a los ricos, a todos los ambiciosos, a los que quieren vivir a costa del sufrimiento y la esclavitud del proletariado, la continuación de la desigualdad social, la subsistencia del capitalista, la división de la familia humana en dos clases: la de los explotadores y la de los explotados.

La dictadura de Porfirio Díaz está por caer; pero la Revolución no terminará por ese solo hecho: sobre la tumba de esa infamante dictadura quedarán en pie y frente a frente, con las armas en la mano, las dos clases sociales: la de los hartos y la de los hambrientos, pretendiendo, la primera, la preponderancia de los intereses de su casta, y la segunda, la abolición de esos privilegios por medio de la instauración de un sistema que garantice a todo ser humano el pan, la tierra y la libertad.

Esta lucha formidable de las dos clases sociales en México es el primer acto de la gran tragedia universal que bien pronto tendrá por escenario la superficie toda del planeta, y cuyo acto final será el triunfo de la fórmula generosa Libertad, Igualdad, Fraternidad que las revoluciones políticas de la burguesía no han podido cristalizarla en hechos, porque no se han atrevido a hacer pedazos la espina dorsal de la tiranía: capitalismo y autoritarismo.

Compañeros de todo el mundo: la solución del problema social está en las manos de los desheredados de toda la tierra, pues solamente exige la práctica de una gran virtud: la solidaridad. Vuestros hermanos de México han tenido el valor de enarbolar la bandera roja; pero no para hacer un pueril alarde de ella en inofensivas manifestaciones por calles y plazas, que casi siempre terminan con el arresto y las descalabraduras de los manifestantes por los cosacos de los tiranos, sino para sostenerla firmemente en los campos de batalla como un reto gallardo a la vieja sociedad que se trata de aplastar para fundar en terreno sólido la sociedad nueva de justicia y de amor.

Nuestros esfuerzos, por generosos y abnegados que sean, serían aniquilados por la acción solidaria de la burguesía de todos los países del mundo. Por el solo hecho de haber efectuado su aparición la bandera roja en los campos de batalla mexicanos, la burguesía de los Estados Unidos ha obligado al presidente Taft a enviar veinte mil soldados a la frontera de México y barcos de guerra a los puertos mexicanos. ¿Qué hacen, entretanto, los trabajadores de todo el mundo? Cruzarse de brazos y contemplar, como en las sillas de un teatro, las personas y las cosas de este tremendo drama, que debería conmover todos los corazones, que debería sublevar todas las conciencias, que debería hacer vibrar intensamente los nervios de todos los desheredados de la tierra, y ponerse en pie como un solo hombre para detener las escuadras de guerra y marcar el alto a los esclavos de uniforme de todos los países.

¡Agitación! es el supremo recurso del momento. Agitación individual de los trabajadores conscientes; agitación colectiva de las sociedades obreras y de la del librepensamiento; agitación, en el seno de los hogares en todas partes donde pueda haber oídos dispuestos a escuchar, conciencias capaces de indignarse, corazones que no se hayan encallecido con la injusticia y la brutalidad del medio; agitación por medio de cartas, de manifiestos, de hojas sueltas, de conferencias, de mítines, por cuantos medios sea posible, haciendo comprender la necesidad de obrar pronto y con energía en favor de los revolucionarios radicales de México que necesitan tres cosas: protesta mundial contra la intervención de las potencias en los asuntos mexicanos, trabajadores conscientes decididos a propagar las doctrinas de emancipación social entre los inconscientes y DINERO, DINERO Y MÁS DINERO para el fomento de la revolución social de México.

Compañeros: reimprimid este manifiesto, traducidlo a todos los idiomas y hacedlo circular por todos los ámbitos del mundo. Pedid a la prensa obrera que lo inserte en sus columnas, leed *Regeneración,* y enviad vuestro óbolo a la Junta Organizadora del Partido Liberal Mexicano; 519½ E. 4th St., Los Angeles, California, U.S.A.

Nuestra causa es la vuestra: es la causa del taciturno esclavo de la gleba, del paria del taller y de la fábrica, del galeoto de la marina, del presidiario de la mina, de todos los que sufrimos la iniquidad del sistema capitalista. Nuestra causa es la vuestra: si permanecéis inactivos cuando vuestros hermanos reciben la muerte abrazados a la bandera roja, daréis con vuestra inacción un rudo golpe a la causa del proletariado.

No nos ocuparemos en demostraros que ha sido a vuestra indiferencia, a vuestra falta de solidaridad, al desconocimiento del deber que tenéis de uniros para precipitar el advenimiento de la revolución, a lo que se ha debido el retardo lamentable de la era nueva, en la que existirá la patria universal de los libres y de los hermanos. Ahora tenéis a la vista la revolución social en México, ¿qué esperáis para obrar? ¿Aguardáis a que este generoso movimiento sea aplastado para llenar el espacio con vuestras protestas, que serán impotentes para volver a la vida a vuestros mejores hermanos y para extirpar de los pechos el desaliento que provocaría el fracaso, fracaso que vosotros mismos habéis preparado con vuestra indiferencia?

Meditad, compañeros, y obrad en seguida, sin pérdida de tiempo, antes de que vuestra ayuda llegue demasiado tarde.

Comprended el peligro en que nos encontramos enfrente de todos los Gobiernos del mundo, que ven en el movimiento mexicano la aparición de la revolución social, la única que temen los poderosos de la tierra.

Compañeros: cumplid con vuestro deber.

Dado por la Junta Organizadora del Partido Liberal Mexicano en la ciudad de Los Angeles, California, U.S.A., a 3 de abril de 1911.

Ricardo Flores Magón
Librado Rivera
Anselmo L. Figueroa
Enrique Flores Magón
REGENERACIÓN. 3 Abril 1911

14. "El Pueblo Mexicano es Apto Para El Comunismo"

Los habitantes del Estado de Morelos, así como los del Sur de Puebla, de Michoacán, Durango, Jalisco, Yucatán y otros Estados, en que vastas extensiones territoriales han sido invadidas por multitudes proletarias que se han dedicado desde luego a cultivarlas, demuestran al mundo entero, con hechos, que no se necesita una sociedad de sabios para resolver el problema del hambre.

Para llegar al resultado práctico de la toma de posesión de la tierra y de los instrumentos de trabajo en México, no se ha necesitado de "líderes," de "amigos" de la clase trabajadora, ni han hecho falta "decretos paternales," "leyes sabias" ni nada de eso. La acción lo ha hecho y lo está haciendo todo. México marcha hacia el comunismo más aprisa de lo que esperábamos los más exaltados revolucionarios y el Gobierno y la Burguesía se encuentran ahora sin saber qué hacer en presencia de hechos que creía muy lejanos todavía de que se realizasen.

No hace aún tres meses que Juan Sarabia, en una extensa y fastidiosa carta abierta dirigida a mí y que fué publicada por casi toda la Prensa burguesa de México, me decía que la clase trabajadora no entendía lo que predicamos y que el pueblo estaba satisfecho con la conquista de la revuelta de Madero: la boleta electoral. Los hechos van demostrando que no somos unos ilusos los liberales y que luchamos convencidos de que nuestra acción y nuestra propaganda responden a las necesidades y al modo de pensar de la clase pobre de México.

El pueblo mexicano odia, por instinto, a la Autoridad y a la Burguesía. Todo aquel que haya vivido en México se habrá cerciorado, de que no hay individuo más cordialmente odiado que el gendarme; que la palabra "Gobierno" llena de inquietud a las personas sencillas; que el soldado, en todas partes admirado y aplaudido, es visto con antipatía y desprecio; que toda persona que no se gana el sustento con el trabajo de sus manos es odiada.

118

Esto es ya más que suficiente para una revolución social de carácter económico y antiautoritario; pero hay más. En México viven unos cuatro millones de indios, que hasta hace veinte o veinticinco años vivían en comunidades, poseyendo en común las tierras, las aguas y los bosques. El apoyo mutuo era la regla en esas comunidades, en las que la Autoridad sólo era sentida cuando el agente de la recaudación de rentas hacía su aparición periódica o cuando los rurales llegaban en busca de varones para hacerlos ingresar por la fuerza al Ejército. En estas comunidades no había jueces, ni alcaldes, ni carceleros, ni ninguna polilla de esa clase. Todos tenían derecho a la tierra, al agua para los regadíos, al bosque para la leña y a la madera para construir los jacales. Los arados andaban de mano en mano, así como las yuntas de bueyes. Cada familia labraba la extensión de terreno que calculaba ser suficiente para producir lo necesario, y el trabajo de escarda y de levantar las cosechas se hacía en común, reuniéndose toda la comunidad, hoy, para levantar la cosecha de Pedro, mañana para levantar la de Juan y así sucesivamente. Para fabricar un jacal, ponían manos a la obra todos los miembros de la comunidad.

Estas sencillas costumbres duraron hasta que, fuerta la Autoridad por la pacificación completa del país, pudo garantizar a la burguesía la prosperidad de sus negocios. Los generales de las revueltas políticas recibieron grandes extensiones de terrenos; los hacendados ensancharon los límites de sus feudos; los más viles politicastros obtenían como baldíos terrenos inmensos, y los aventureros extranjeros obtuvieron concesiones de tierras, bosques, aguas, de todo, (en fin, quedando nuestros hermanos indios sin un palmo de tierra, sin derecho a tomar del bosque ni la más pequeña rama de un árbol, en la miseria más abyecta, despojados de todo lo que era de ellos.

En cuanto a la población mestiza, que es la que forma la mayoría de los habitantes de la República Mexicana, con excepción de la que habitaba las grandes ciudades y los pueblos de alguna importancia, contaba igualmente con tierras comunales, bosques y agua libres, lo mismo que la población indígena. El mutuo apoyo era inualmente la regla; las casas se fabricaban en común; la moneda casi no era necesaria, porque había intercambio de productos; pero se hizo la paz, la Autoridad se robusteció, y los bandidos de la política y del dinero robaron descaradamente las tierras, los bosques, todo. No hace aún cuatro años, todavía podía verse en los periódicos de oposición que el norteamericano X, o el alemán Y o el español X habían encerrado a una población entera en los límites de "su" propiedad con la ayuda de la autoridad.

Se ve, pues, que el pueblo mexicano es apto para llegar al comunismo, porque lo ha practicado, al menos en parte, desde hace siglos, y eso explica por qué, aun cuando en su mayoría es analfabeto, comprende que mejor que tomar parte en farsas electorales para elevar verdugos, es preferible tomar posesión de la tierra, y la está tomando con grande escándalo de la ladrona Burguesía.

Ahora sólo resta que el obrero tome posesión de la fábrica, del taller, de la mina, de la fundición, del ferrocarril, del barco, de todo en una palabra; que no se reconozcan amos de ninguna clase y ese será el final del presente movimiento.

¡Adelante, camaradas!

Ricardo Flores Magón
REGENERACIÓN. 2 de Septiembre de 1911.

15. "Manifiesto del 23 de Septiembre de 1911"

Mexicanos:

La Junta Organizadora del Partido Liberal Mexicano ve con simpatía vuestros esfuerzos para poner en práctica los altos ideales de emancipación política, económica y social, cuyo imperio sobre la tierra pondrá fin a esa ya bastante larga contienda del hombre contra el hombre, que tiene su origen en la desigualdad de fortunas que nace del principio de la propiedad privada.

Abolir ese principio significa el aniquilamiento de todas las instituciones políticas, económicas, sociales, religiosas y morales que componen el ambiente dentro del cual se asfixian la libre iniciativa y la libre asociación de los seres humanos que se ven obligados, para no perecer, a entablar entre sí una encarnizada competencia, de la que salen triunfantes, no los más buenos, ni los más abnegados, ni los mejor dotados en lo físico, en lo moral o en lo intelectual, sino los más astutos, los más egoístas, los menos escrupulosos, los más duros de corazón, los que colocan su bienestar personal sobre cualquier consideración de humana solidaridad y de humana justicia.

Sin el principio de la propiedad privada no tiene razón de ser el gobierno, necesario tan sólo para tener a raya a los desheredados en sus querellas o en sus rebeldías contra los detentadores de la riqueza social; ni tendrá razón de ser la iglesia, cuyo exclusivo objeto es estrangular en el ser humano la innata rebeldía contra la opresión y la explotación por la prédica de la paciencia, de la resignación y de la humildad, acallando los gritos de los instintos más poderosos y fecundos con la práctica de penitencias inmorales, crueles y nocivas a la salud de las personas, y, para que los pobres no aspiren a los goces de la tierra y constituyan un peligro para los privilegios de los ricos, prometen a los humildes, a los más resignados, a los más pacientes, un cielo que se mece en el infinito, más allá de las estrellas que se alcanzan a ver . . .

Capital, Autoridad, Clero: he ahí la trinidad sombría que hace de esta bella tierra un paraíso para los que han logrado acaparar en sus garras por la astucia, la violencia y el crimen, el producto del sudor, de la sangre, de las lágrimas y del sacrificio de miles de generaciones de trabajadores, y un infierno para los que con sus brazos y su inteligencia trabajan la tierra, mueven la maquinaria, edifican las casas, transportan los productos, quedando de esa manera dividida la humanidad en dos clases sociales de intereses diametralmente opuestos: la clase capitalista y la clase trabajadora; la clase que posee la tierra, la maquinaria de producción y los medios de transportación de las riquezas, y de la clase que no cuenta más que con sus brazos y su inteligencia para proporcionarse el sustento.

Entre estas dos clases sociales no puede existir vínculo alguno de amistad ni de fraternidad, porque la clase poseedora está siempre dispuesta a perpetuar el sistema económico, político y social que garantiza el tranquilo disfrute de sus rapiñas, mientras la clase trabajadora hace esfuerzos por destruir ese sistema inicuo para instaurar un medio en el cual la tierra, las casas, la maquinaria de producción y los medios de transportación sean de uso común.

MEXICANOS: El Partido Liberal Mexicano reconoce que todo ser humano, por el solo hecho de venir a la vida, tiene derecho a gozar de todas y cada una de las ventajas que la civilización moderna ofrece, porque esas ventajas son el producto del esfuerzo y del sacrificio de la clase trabajadora de todos los tiempos.

El Partido Liberal Mexicano reconoce, como necesario, el trabajo para la subsistencia, y, por lo tanto, todos, con excepción de los ancianos, de los impedidos e inútiles y de los niños, tienen que dedicarse a producir algo útil para poder dar satisfacción a sus necesidades.

El Partido Liberal Mexicano reconoce que el llamado derecho de propiedad individual es un derecho inicuo, porque sujeta al mayor número de seres humanos a trabajar y a sufrir para la satisfacción y el ocio de un pequeño número de capitalistas.

El Partido Liberal Mexicano reconoce que la Autoridad y el Clero son el sostén de la iniquidad capital, y, por lo tanto, La Junta Organizadora del Partido Liberal Mexicano ha declarado solemnemente guerra a la Autoridad, guerra al Capital, guerra al Clero.

Contra el Capital, la Autoridad y el Clero, el Partido Liberal Mexicano tiene enarbolada la bandera roja en los campos de la acción en México, donde nuestros hermanos se baten como leones, disputando la victoria a las huestes de la burguesía o sean: maderistas, reyistas, vazquistas, científicos, y tantas otras cuyo único propósito es encumbrar a un hombre a la primera magistratura del país, para hacer negocio a su sombra sin consideración alguna a la masa entera de la población de México, y reconociendo, todas ellas, como sagrado, el derecho de propiedad individual.

En estos momentos de confusión, tan propicios para el ataque contra la opresión y la explotación; en estos momentos en que la Autoridad, quebrantada, desequilibrada, vacilante, acometida por todos sus flancos por las fuerzas de todas las pasiones desatadas, por la tempestad de todos los apetitos avivados por la esperanza de un próximo hartazgo; en estos momentos de zozobra, de angustia, de terror para todos los privilegios, masas compactas de desheredados invaden las tierras, queman los títulos de propiedad, ponen las manos creadoras sobre la fecunda tierra y amenazan con el puño a todo lo que ayer era respetable: Autoridad, Capital y Clero; abren el surco, esparcen la semilla y esperan, emocionados, los primeros frutos de un trabajo libre.

Estos son, mexicanos, los primeros resultados prácticos de la propaganda y de la acción de los soldados del proletariado, de los generosos sostenedores de nuestros principios igualitarios, de nuestros hermanos que desafían toda imposición y toda explotación con este grito de muerte para todos los de arriba y de vida y de esperanza para todos los de abajo: ¡Viva Tierra y Libertad!

La tormenta se recrudece día a día: maderistas, vazquistas, reyistas, científicos, delabarristas os llaman a gritos, mexicanos, a que voléis a defender sus desteñidas banderas, protectoras de los privilegios de la clase capitalista. No escuchéis las dulces canciones de esas sirenas, que quieren aprovecharse de vuestro sacrificio para establecer un gobierno, esto es, un nuevo perro que proteja los intereses de los ricos. ¡Arriba todos; pero para llevar a cabo la expropiación de los bienes que detentan los ricos!

La expropiación tiene que ser llevada a cabo a sangre y fuego durante este grandioso movimiento, como lo han hecho y lo están haciendo nuestros hermanos los habitantes de Morelos, Sur de Puebla, Michoacán, Guerrero, Veracruz, Norte de Tamaulipas, Durango, Sonora, Sinaloa, Jalisco, Chihuahua, Oaxaca, Yucatán, Quintana Roo y regiones de otros Estados, según ha tenido que confesar la misma prensa burguesa de México, en que los proletarios han tomado posesión de la tierra sin esperar a que un gobierno paternal se dignase hacerlos felices, conscientes de que no hay que esperar nada bueno de los Gobiernos y de que "la emancipación de los trabajadores debe ser obra de los trabajadores mismos."

Estos primeros actos de expropiación han sido coronados por el más risueño de los éxitos; pero no hay que limitarse a tomar tan sólo posesión de la tierra y de los implementos de agricultura: hay que tomar resueltamente posesión de todas las industrias por los trabajadores de las mismas, consiguiéndose de esa manera que las tierras, las minas, las fábricas, los talleres, las fundiciones, los carros, los ferrocarriles, los barcos, los almacenes de todo género y las casas queden en poder de todos y cada uno de los habitantes de México, sin distinción de sexo.

Los habitantes de cada región en que tal acto de suprema justicia se lleve a cabo no tienen otra cosa que hacer que ponerse de acuerdo para que todos los efectos que se hallen en las tiendas, almacenes, graneros, etc., sean conducidos a un lugar de fácil acceso para todos, donde hombres y mujeres de buena voluntad practicarán un minucioso inventario de todo lo que se haya recogido, para calcular la duración de esas existencias, teniendo en cuenta las necesidades y el número de los habitantes que tienen que hacer uso de ellas, desde el momento de la expropiación hasta que en el campo se levanten las primeras cosechas y en las demás industrias se produzcan los primeros efectos.

Hecho el inventario, los trabajadores de las diferentes industrias se entenderán entre sí fraternalmente para regular la producción; de manera que, durante este movimiento, nadie carezca de nada, y sólo se morirán de hambre aquellos que no quieran trabajar, con excepción de los ancianos, los impedidos y los niños, que tendrán derecho a gozar de todo.

Todo lo que se produzca será enviado al almacén general de la comunidad del que todos tendrán derecho a tomar TODO LO QUE NECESITEN SEGÚN SUS NECESIDADES, sin otro requisito que mostrar una contraseña que demuestre que se está trabajando en tal o cual industria.

Como la aspiración del ser humano es tener el mayor número de satisfacciones con el menor esfuerzo posible, el medio más adecuado para obtener ese resultado es el trabajo en común de la tierra y de las demás industrias. Si se divide la tierra y cada familia toma un pedazo, además del grave peligro que se corre de caer nuevamente en el sistema capitalista, pues no faltarán hombres astutos o que tengan hábitos de ahorro que logren tener más que otros y puedan a la larga poder explotar a sus semejantes; además de este grave peligro, está el hecho de que si una familia trabaja un pedazo de tierra, tendrá que trabajar tanto o más que como se hace hoy bajo el sistema de la propiedad individual para obtener el mismo resultado mezquino que se obtiene actualmente; mientras que si se une la tierra y la trabajan en común los campesinos, trabajarán menos y producirán más. Por supuesto que no ha de faltar tierra para que cada persona pueda tener su casa y un buen solar para dedicarlo a los usos que sean de su agrado. Lo mismo que se dice del trabajo en común de la tierra, puede decirse del trabajo en común de la fábrica, del taller, etc.; pero cada quien, según su temperamento, según sus gustos, según sus inclinaciones podrá escoger el género de trabajo que mejor le acomode, con tal de que produzca lo suficiente para cubrir sus necesidades y no sea una carga para la comunidad.

Obrándose de la manera apuntada, esto es, siguiendo inmediatamente a la expropiación la organización de la producción, libre ya de amos y basada en las necesidades de los habitantes de cada región, nadie carecerá de nada a pesar del movimiento armado, hasta que, terminado este movimiento con la desaparición del último burgués y de la última autoridad o agente de ella, hecha pedazos la ley sostenedora de privilegios y puesto todo en manos de los que trabajan, nos estrechemos todos en fraternal abrazo y celebremos con gritos de júbilo la instauración de un sistema que garantizará a todo ser humano el pan y la libertad.

MEXICANOS: por eso es por lo que lucha el Partido Liberal Mexicano. Por esto es por lo que derrama su sangre generosa una pléyade de héroes, que se baten bajo la bandera roja al grito prestigioso de ¡Tierra y Libertad!

Los liberales no han dejado caer las armas a pesar de los tratados de paz del traidor Madero con el tirano Díaz, y a pesar, también, de las incitaciones de la burguesía, que ha tratado de llenar de oro sus bolsillos, y esto ha sido así, porque los liberales somos hombres convencidos de que la libertad política no aprovecha a los pobres, sino a los cazadores de empleos, y nuestro objeto no es alcanzar empleos ni distinciones, sino arrebatarlo todo de las manos de la burguesía, para que todo quede en poder de los trabajadores.

La actividad de las diferentes banderías políticas que en estos momentos se disputan la supremacía, para hacer, la que triunfe, exactamente lo mismo que hizo el tirano Porfirio Díaz, porque ningún hombre, por bien intencionado que sea, puede hacer algo en favor de la clase pobre cuando se encuentra en el Poder; esa actividad ha producido el caos que debemos aprovechar los desheredados, tomando ventajas de las circunstancias especiales en que se encuentra el país, para poner en práctica, sin pérdida de tiempo, sobre la marcha, los ideales sublimes del Partido Liberal Mexicano, sin esperar a que se haga la paz para efectuar la expropiación, pues para entonces ya se habrán agotado las existencias de efectos en las tiendas, graneros, almacenes y otros depósitos, y como al mismo tiempo, por el estado de guerra en que se había encontrado el país, la producción se había suspendido, el hambre sería la consecuencia de la lucha, mientras que efectuando la expropiación y la organización del trabajo libre durante el movimiento, ni se carecerá de lo necesario en medio del movimiento ni después.

Mexicanos: si queréis ser de una vez libres no luchéis por otra causa que no sea la del Partido Liberal Mexicano. Todos os ofrecen libertad política para después del triunfo: los liberales os invitamos a tomar la tierra, la maquinaria, los medios de transportación y las casas desde luego, sin esperar a que nadie os dé todo ello, sin aguardar a que una ley decrete tal cosa, porque las leyes no son hechas por los pobres, sino por señores de levita, que se cuidan bien de hacer leyes en contra de su casta.

Es el deber de nosotros los pobres trabajar y luchar por romper las cadenas que nos hacen esclavos. Dejar la solución de nuestros problemas a las clases educadas y ricas es ponernos voluntariamente entre sus garras. Nosotros los plebeyos; nosotros los andrajosos; nosotros los hambrientos; los que no tenemos un terrón donde reclinar la cabeza; los que vivimos atormentados por la incertidumbre del plan de mañana para nuestras compañeras y nuestros hijos; los que, llegados a viejos, somos despedidos ignominiosamente porque ya no podemos trabajar, toca a nosotros hacer esfuerzos poderosos, sacrificios mil para destruir hasta sus cimientos el edificio de la vieja sociedad, que ha sido hasta aquí una madre cariñosa para los ricos y los malvados, y una madrastra huraña para los que trabajan y son buenos.

Todos los males que aquejan al ser humano provienen del sistema actual, que obliga a la mayoría de la humanidad a trabajar y a sacrificarse para que una minoría privilegiada satisfaga toda sus necesidades y aun todos sus caprichos, viviendo en la ociosidad y en el vicio. Y menos malo si todos los pobres tuvieran asegurado el trabajo; como la producción no está arreglada para satisfacer las necesidades de los trabajadores sino para dejar utilidades a los burgueses, éstos se dan maña para no producir más que lo que pueden expender, y de ahí los paros periódicos de las industrias o la restricción del número de trabajadores, que proviene, también, del hecho del perfeccionamiento de la maquinaria, que suple con ventaja los brazos del proletariado.

Para acabar con todo eso es preciso que los trabajadores tengan en sus manos la tierra y la maquinaria de producción, y sean ellos los que regulen la producción de las riquezas atendiendo a las necesidades de ellos mismos.

El robo, la prostitución, el asesinato, el incendiarismo, la estafa, productos son del sistema que coloca al hombre y a la mujer en condiciones en que para no morir de hambre se ven obligados a tomar de donde hay o a prostituirse, pues en la mayoría de los casos, aunque se tengan deseos grandísimos de trabajar, no se consigue trabajo, o es éste tan mal pagado, que no alcanza el salario ni para cubrir las más imperiosas necesidades del individuo y de la familia, aparte de que la duración del trabajo bajo el presente sistema capitalista y las condiciones en que se efectúa, acaban en poco tiempo con la salud del trabajador, y aun con su vida, en las catástrofes industriales, que no tienen otro origen que el desprecio con que la clase capitalista ve a los que se sacrifican por ella.

Irritado el pobre por la injusticia de que es objeto; colérico ante el lujo insultante que ostentan los que nada hacen; apaleado en las calles por el polizonte por el delito de ser pobre; obligado a alquilar sus brazos en trabajos que no son de su agrado; mal retribuido, despreciado por todos los que saben más que él o por los que por dinero se creen superiores a los que nada tienen; ante la expectativa de una vejez tristísima y de una muerte de animal despedido de la cuadra por inservible, inquieto ante la posibilidad de quedar sin trabajo de un día para otro; obligado a ver como enemigo aun a los mismos de su clase, porque no sabe quién de ellos será el que vaya a alquilarse por menos de lo que él gana, es natural que en estas circunstancias se desarrollen en el ser humano instintos antisociales y sean el crimen, la prostitución, la deslealtad los naturales frutos del viejo y odioso sistema, que queremos destruir hasta en sus más profundas raíces para crear uno nuevo de amor, de igualdad, de justicia, de fraternidad, de libertad.

¡Arriba todos como un solo hombre! En las manos de todos están la tranquilidad, el bienestar, la libertad, la satisfacción de todos los apetitos sanos; pero no nos dejemos guiar por directores; que cada quién sea el amo de sí mismo; que todo se arregle por el consentimiento mutuo de las individualidades libres. ¡Muera la esclavitud! ¡Muera el hambre! ¡Viva Tierra y Libertad!

MEXICANOS: con la mano puesta en el corazón y con nuestra conciencia tranquila, os hacemos un formal y solemne llamamiento a que adoptéis, todos, hombres y mujeres, los altos ideales del Partido Liberal Mexicano. Mientras haya pobres y ricos, gobernantes y gobernados, no habrá paz, ni es de desearse que la haya porque esa paz estaría fundada en la desigualdad política, económica y social, de millones de seres humanos que sufren hambre, ultrajes, prisión y muerte, mientras una pequeña minoría goza toda suerte de placeres y de libertades por no hacer nada.

¡A la lucha!; a expropiar con la ideal del beneficio para todos y no para unos cuantos, que esta guerra no es una guerra de bàndidos, sino de hombres y mujeres que desean que todos sean hermanos y gocen, como tales, de los bienes que nos brinda la naturaleza y el brazo y la inteligencia del hombre han creado, con la única condición de dedicarse cada quien a un trabajo verdaderamente útil.

La libertad y el bienestar están al alcance de nuestras manos. El mismo esfuerzo y el mismo sacrificio que cuesta elevar a un gobernante, esto es, un tirano, cuesta la expropiación de los bienes que detentan los ricos. A escoger, pues: o un nuevo gobernante, esto es, un nuevo yugo, o la expropiación salvadora y la abolición de toda imposición religiosa, política o de cualquier otro orden.

¡Tierra y Libertad!

Dado en la ciudad de Los Angeles, Estado de California, Estados Unidos de América, a los 23 días del mes de Septiembre de 1911.

Ricardo Flores Magón
Librado Rivera
Anselmo L. Figueroa
Enrique Flores Magón
REGENERACIÓN. 1911

16. "¡Tierra y Libertad!"

HIMNO REVOLUCIONARIO.
Escrito por
Enrique Flores Magón
(Cántese con la música del Himno Nacional Mexicano)

(Coro.)
Proletarios: al grito de guerra,
Por Ideales luchad con valor;
Y expropiad, atrevidos, la tierra
Que detenta nuestro explotador.

I.

(Estrofa.)
Proletarios: precisa que unidos
Derrumbemos la vil construcción
Del Sistema Burgués que oprimidos
Nos sujeta con la explotación;
Que ya es tiempo que libres seamos
Y dejemos también de sufrir.
Siendo todos iguales y hermanos,
Con el mismo derecho a vivir.

(Coro.)
Proletarios: al grito de guerra, etc.

II.

(Estrofa.)
Demostremos que somos conscientes,
Y que amamos la Idea de verdad,
Combatiendo tenaces de frente
Al rico, al fraile y a la Autoridad:
Pues si libres queremos, hermanos,
Encontrarnos algún bello día.
Es preciso apretar nuestras manos
En los cuellos de tal Trilogia.

(Coro.)
Proletarios: al grito de guerra, etc.

III.

(Estrofa.)
Al que sufra en los duros presidios
Por la Causa de la Humanidad.
Demos pruebas de ser sus amigos
Y luchemos por su libertad.
Que es deber arrancar de las garras

125

De los buitres del Dios Capital
A los buenos que, tras de las barras,
Amenaza una pena mortal.

(Coro.)   Proletarios: al grito de guerra, etc.

IV.

(Estrofa.)   Si en la lucha emprendida queremos
Conquistar nuestra emancipación,
Ningún Jefe imponerse dejemos,
E impidamos asi una traición.
Pues los hombres que adquieren un puesto
En el cual ejercer un poder.
Se transforman tiranos bien presto
Porque el medio los echa a perder.

(Coro.)   Proletarios: al grito de guerra, etc.

V.

(Estrofa.)   Proletarios: alzad vuestras frentes,
Las cadenas de esclavos romped.
Despojaos de prejuicios las mentes
Y las Nuevas Ideas aprended.
Y al llamar del clarín a la guerra,
Con arrojo al combate marchad
A tomar para siempre la Tierra
Y también a ganar Libertad!

(Coro.)   Proletarios: al grito de guerra,
Por Ideales luchad con valor;
Y expropiad, atrevidos, la tierra
Que detenta nuestro explotador.

REGENERACIÓN, February 14, 1914

17. "La Intervención y los Presos de Tejas"

Discurso—
31 de Mayo 1914
[fragmento]

Camaradas:

El hombre es libre, verdaderamente libre, cuando no necesita alquilar sus brazos a nadie para poder llevarse a la boca un pedazo de pan, y esta libertad se consigue solamente de un modo: tomando resueltamente, sin miedo, la tierra, la maquinaria y los medios de transporte para que sean propiedad de todos, hombres y mujeres.

Esto no se conseguirá encumbrando a nadie a la Presidencia de la República; pues el Gobierno, cualquiera que sea su forma—republicana o monárquica—, no puede estar jamás del lado del pueblo. El Gobierno tiene por misión cuidar los intereses de los ricos. En miles de años no se ha dado un solo caso en que un Gobierno haya puesto la mano sobre los bienes de los ricos para entregarlos a los pobres. Por el contrario, dondequiera se ha visto y se ve que el Gobierno hace uso de la fuerza para reprimir cualquier intento del pobre para obtener una mejora en su situación. Acordaos de Río Blanco, acordaos de Cananea, donde las balas de los soldados del Gobierno ahogaron, en las gargantas de los proletarios, las voces que pedían pan; acordaos de Papantla, acordaos de Juchitán, acordaos del Yaqui, donde la metralla y la fusilería del Gobierno diezmaron a los enérgicos habitantes que se negaban a entregar a los ricos las tierras que les daban la subsistencia.

Esto debe serviros de experiencia para no confiar a nadie la obra de vuestra libertad y vuestro bienestar. Aprended de los nobles proletarios del Sur de México. Ellos no esperan a que se encumbre un nuevo tirano para que les mitigue el hambre. Valerosos y altivos, no piden: toman. Ante la compañera y los niños que piden pan, no esperan que un Carranza o un Villa suban a la Presidencia y les dé lo que necesitan, sino que, valerosos y altivos, con el fusil en la mano, entre el estruendo del combate y el resplandor del incendio, arrancan a la burguesía orgullosa la vida y la riqueza.

Ellos no esperan a que un caudillo se encarame para que se les dé de comer: inteligentes y dignos, destruyen los títulos de propiedad, echan abajo los cercados y ponen la fecunda mano sobre la tierra libre. Pedir es de cobardes; tomar es obra de hombres. De rodillas se puede llegar a la muerte, no a la vida. ¡Pongámonos de pie!

Pongámonos de pie, y con la pala que ahora sirve para amontonar el oro a nuestros patrones, abramos su cráneo en dos, y con la hoz que troncha débiles espigas cortemos las cabezas de burgueses y tiranos. Y sobre los escombros de un sistema maldito, clavemos nuestra bandera, la bandera de los pobres, al grito formidable de ¡Tierra y Libertad!

Ya no elevemos a nadie; ¡subamos todos! Ya no colguemos medallas ni cruces del pecho de nuestros jefes: si ellos quieren tener adornos, adornémoslos a puñaladas. Quienquiera que esté una pulgada arriba de nosotros es un tirano: ¡derribémosle! Ha sonado la hora de la Justicia, y al antiguo grito, terror de los burgueses: ¡la bolsa o la vida!, substituyámoslo por éste: ¡la bolsa y la vida! Porque si dejamos con vida a un solo burgués, él sabrá arreglárselas de modo de ponernos tarde o temprano otra vez el pie en el pescuezo.

A poner en práctica ideales de suprema justicia, los ideales del Partido Liberal Mexicano, un grupo de trabajadores emprendió la marcha un día del mes de septiembre del año pasado, en territorio del Estado de Texas. Esos hombres llevaban una gran misión . . . iban bien abastecidos de ideas generosas a inyectar nueva savia al espíritu de rebeldía que en esa región degenera rápidamente en espíritu de disciplina y de subordinación hacia los jefes. Esos hombres iban a establecer un lazo de unión entre los elementos revolucionarios del Sur y del centro de México, y los elementos que se han conservado puros en el Norte. Bien sabéis la suerte que corrieron esos trabajadores: dos de ellos, Juan Rincón y Silvestre Lomas, cayeron muertos a los disparos de los esbirros del Estado de Texas, antes de llegar a México, y el resto, Rangel, Alzalde, Cisneros y once más, se encuentran presos en aquel Estado, sentenciados unos a largas penas penitenciarias, otros de ellos a pasar su vida en el presidio, mientras sobre Rangel, Alzalde, Cisneros y otros va a caer la pena de muerte. Todos estos trabajadores honrados son inocentes del delito que se les imputa. Sucedió que una noche, en su peregrinación hacia México, resultó muerto un "shériff" texano llamado Candelario Ortiz, y se descarga la culpabilidad de esa muerte sobre los catorce revolucionarios. ¿Quién presenció el hecho? ¡Nadie! Nuestros compañeros se hallaban a gran distancia de donde se encontró el cadáver del esbirro. Sin embargo, sobre ellos se trata de echar la responsabilidad de la muerte de un perro del Capital, por la sencilla razón de que nuestros hermanos presos en Texas son pobres y son rebeldes. Basta con que ellos sean miembros de la clase trabajadora y que hayan tenido la intención de cruzar la frontera, para luchar por los intereses de su clase, para que el capitalismo norteamericano se les eche encima tratando de vengar en ellos la pérdida de sus negocios en México. Si nuestros compañeros fueran carrancistas o villistas; si ellos hubieran tenido la intención de ir a México a poner en la silla presidencial a Villa o Carranza, para que éstos dieran negocio a los norteamericanos, nada se les habría hecho, y antes bien las mismas autoridades norteamericanas les habrían protegido; pero como son hombres dignos que quieren ver completamente libre al trabajador mexicano, la burguesía norteamericana descarga sus iras sobre ellos y pide la pena de muerte, como una compensación a los perjuicios que está sufriendo en sus negocios por la Revolución de los proletarios.

En cambio, los asesinos de Rincón y de Lomas están libres. La misma burguesía norteamericana, que pide la muerte de Rangel y compañeros, colma de honores y de distinciones a los felones que arrancaron la vida de dos hombres honrados. He aquí, proletarios, lo que es la justicia burguesa. El trabajador puede morir como un perro; ¡pero no toquéis a un esbirro! Aquí y dondequiera el trabajador no vale nada; ¡los que valen son los que nada hacen! Las abejas dan muerte a los zánganos de la colmena que comen, pero no producen; los humanos, menos inteligentes que las abejas, dan muerte a los trabajadores—que todo lo producen—para que los burgueses, los gobernantes, los polizontes y los soldados, que son los zánganos de la colmena social, puedan vivir a sus anchas, sin producir nada útil.

Esa es la justicia burguesa; esa es la maldita justicia que los revolucionarios tenemos que destruir, pésele a quien le pese y caiga quien cayere.

Mexicanos: el momento es solemne. Ha llegado el instante de contarnos: somos millones, mientras nuestros verdugos son unos cuantos. Disputemos de las manos de la justicia capitalista a nuestros hermanos presos en Texas. No permitamos que la mano del verdugo ponga en sus nobles cuellos la cuerda de la horca. Contribuyamos con dinero para los gastos de la defensa de esos mártires; agitemos la opinión en su favor.

Basta ya de crímenes cometidos en personas de nuestra raza. Las cenizas de Antonio Rodríguez no han sido esparcidas todavía por el viento; en las llanuras texanas se orea la sangre de los mexicanos asesinados por los salvajes de piel blanca. Que se levante nuestro brazo para impedir el nuevo crimen que en la sombra prepara la burguesía norteamericana contra Rangel y compañeros.

Mexicanos: si tenéis sangre en las arterias, uníos para salvar a nuestros hermanos presos en Texas. Al salvarlos no salvaréis a Rangel, a Alzalde, a Cisneros y demás trabajadores: os salvaréis vosotros mismos, porque vuestra acción servirá para que se os respete. ¿Quién de vosotros no ha recibido un ultraje en este país, por el solo hecho de ser mexicano? ¿Quién de vosotros no ha oído relatar los crímenes que a diario se cometen en personas de nuestra raza? ¿No sabéis que en el Sur de este país no se permite que el mexicano se siente, en la fonda, al lado del norteamericano? ¿No habéis entrado a una barbería donde se os ha dicho, mirándoos de arriba a abajo: "aquí no se sirve a mexicanos?" ¿No sabéis que los presidios de los Estados Unidos están llenos de mexicanos? ¿Y habéis contado, siquiera, el número de mexicanos que han subido a la horca en este país o han perecido quemados por brutales multitudes de gente blanca?

Si sabéis todo eso, ayudad a salvar a vuestros hermanos de raza presos en Texas. Contribuyamos con nuestro dinero y nuestro cerebro a salvarlos; agitemos en su favor;

declarémonos en huelga por un día como una demostración de protesta contra la persecución de aquellos mártires, y si ni protestas, ni defensas legales valen; si ni la agitación y la huelga producen el efecto deseado de poner a los catorce prisioneros en absoluta libertad, entonces insurreccionémenos, levantémonos en armas y a la injusticia respondamos con la barricada y la dinamita. Contémonos: ¡somos millones!

¡Viva Tierra y Libertad!

Ricardo Flores Magón
REGENERACIÓN.

18. "Margarita Ortega"

Es difícil seguir paso a paso la acción de los compañeros que en México luchan por encauzar el movimiento revolucionario hacia el comunismo anárquico. No hay que contar con vías de fácil comunicación: las líneas de ferrocarril están destruídas; los puentes han sido volados; en los pasos de las montañas vigilan por igual soldados huertistas y soldados carrancistas, libertarios y zapatistas o gente armada de cualquiera otra facción. Aparte de todo esto, las contingencias de la lucha obligan a las diferentes fuerzas combatientes a cambiar de posiciones, a cortar las comunicaciones telegráficas o a guarecerse en el corazón de las montañas y de los bosques.

Por todas estas razones llegan muy retrasadas las noticias, cuando llegar pueden, pues con frecuencia los mensajeros son fusilados antes de llegar a su destino, o de cualquiera otra manera se ven imposibilitados de llevar a cabo su empresa. No es de extrañar, por lo mismo, que tan tarde hayamos podido comprobar la muerte de la grande anarquista que en vida se llamó Margarita Ortega.

Esta mujer extraordinaria era miembro del Partido Liberal Mexicano, cuyos ideales comunistas-anarquistas propagaba por medio de la palabra y de la acción. En 1911 Margarita fué el lazo de unión entre los elementos combatientes del Partido Liberal Mexicano en la Baja California. Hábil jinete y experta en el manejo de las armas de fuego, Margarita atravesaba las líneas enemigas y conducía armas, parque, dinamita, lo que se necesitaba, a los compañeros en el campo de la acción. Más de una vez su arrojo y su sangre fría la salvaron de caer en las garras de las fuerzas de la tiranía. Margarita Ortega tenía un gran corazón: desde su caballo, o detrás de un peñasco, podía tener a raya a los soldados del Gobierno, y poco después podíase verla cuidando a los heridos, alimentando a los convalecientes o prodigando palabras de consuelo a las viudas y a los huérfanos. Apóstol, guerrera, enfermera, todo a la vez era esta mujer excepcional. Ella no podía ver con tranquilidad que alguien sufriese en su presencia, y a muchos les consta cómo ella se quitó de la boca un pedazo de pan para dárselo al que tenía hambre.

Mujer de exquisitos sentimientos, amaba entrañablemente a su familia; pero su familia estaba compuesta de personas inconscientes, de burgueses y de proletarios aspirantes a ser burgueses, y estas personas nunca pudieron comprender cómo una mujer dotada de tan extraordinario talento, de tan inagotable energía, y que poseía substanciosos bienes de fortuna, pudiera hacer causa común con los desheredados, y por ese motivo la odiaban, la odiaban como odian los corazones vulgares a los espíritus nobles y puros que constituyen un obstáculo a sus mezquinas ambiciones.

Margarita contaba con bienes de fortuna que la hubieran bastado para pasarse una vida regalona y ociosa; pero ella no podía gozar de la vida cuando sabía bien que había millones de seres humanos que luchaban penosamente por ganar su subsistencia. Con la energía que solamente se halla en personas convencidas, Margarita dijo en el mismo año de 1911, a su inconsciente compañero: "Yo te amo; pero amo también a todos los que sufren y por los cuales lucho y arriesgo mi vida. No quiero ver más hombres y mujeres dando su fuerza, su salud, su inteligencia, su porvenir para enriquecer a los burgueses; no quiero que por más tiempo haya hombres que manden a los hombres. Estoy resuelta a seguir luchando por la causa del Partido Liberal Mexicano, y si eres hombre, vente conmigo a la campaña; de lo contrario olvídame, pues yo no quiero ser la compañera de un cobarde." Las personas que presenciaron esta escena aseguran que el cobarde no quiso seguirla. Entonces, dirigiéndose Margarita a su hija, Rosaura Gortari, la habló en estos términos: "¿Y tú, hija mía, estás resuelta a seguirme o a quedarte con la familia?" A lo que "respondió la otra heroína: "¿Yo separarme de ti, mamá? ¡Eso nunca! ¡Ensillemos los caballos y lancémonos a la lucha por la redención de la clase trabajadora!"

Al alcanzar el Poder el maderismo fueron expulsadas Margarita y Rosaura, de Mexicali, por orden de Rodolfo Gallegos. Para hacer más penosa la situación de las mártires, Gallegos ordenó que se las encaminase al desierto y se las hiciera marchar por los arenales inmensos, bajo un sol abrasador, sin agua, sin alimentos y a pie, con la advertencia de ser pasadas por las armas si volvían al pueblo. Por espacio de varios días se arrastraron las pobres víctimas del sistema capitalista sobre los ardientes arenales. La sed las devoraba; el hambre las hacía desfallecer. Ni un viajero que las prestase ayuda, ni un arroyo que calmase su sed. Rosaura decaía visiblemente, haciendo más triste la situación de Margarita. Por fin, a pesar de su extraordinaria energía, Rosaura sufrió un desmayo, cayó por tierra y cerró los ojos. . . . Margarita creyó que la hija de su corazón había muerto y, loca de dolor, trató de suicidarse; pero al aplicarse el revólver a la cabeza vió que su hija la miraba, y, turbada por la emoción, corrió en busca de agua que dar a la paciente. Afortunadamente esa vez sí la consiguió.

Llegaron a Yuma, Estados Unidos, y allí fué arrestada Margarita por los inspectores de inmigración. Una mujer como Margarita, honra de la humanidad, espléndido ejemplar de la raza humana, no podía residir en este país de la vulgaridad y de la estupidez. Para que una persona pueda entrar en los Estados Unidos necesita creer en la Ley y en la Autoridad. Libertaria Margarita, conforme a las imbéciles leyes de los Estados Unidos, no podía ser admitida, y tenía que ser deportada a México. Gracias a los buenos servicios de excelentes camaradas, Margarita logró escapar de las garras de los inspectores de inmigración, y con Rosaura fué a refugiarse a Phoenix, Arizona, donde adoptó el nombre de María Valdés para despistar a los esbirros. Rosaura adoptó el nombre de Josefina.

Rosaura quedó enferma a consecuencia de las penalidades sufridas en el desierto, y todo su anhelo era volver a México, pero con las armas en la mano, para morir luchando por Tierra y Libertad. Ella no quería morir en su cama, sino en el campo de batalla, cambiando vida por vida, y cuando ya la enfermedad se agravó hasta el extremo de no permitirla abandonar el lecho, decía a Margarita: "Mamá: no quiero morir aquí; llévame a la calle, donde se reúnen los trabajadores mexicanos. Quiero morir en medio de ellos, de mis hermanos, hablándoles de sus derechos como productores de la riqueza social." Poco después moría la dulce niña sin arrepentirse de haber dejado las comodidades de la vida burguesa por la vida agitada, llena de peligros y de miserias de los verdaderos revolucionarios.

Margarita quedó sola. Su hija y compañera de lucha no compartiría más con ella las penalidades, los sinsabores, las miserias que son el premio de los luchadores sinceros; pero no por eso dejó de trabajar con el empeño de siempre la noble sembradora de ideales. Con el compañero Natividad Cortés emprendió la tarrea de organizar el movimiento revolucionario en el Norte del Estado de Sonora, teniendo como base de operaciones el pueblecillo de Sonoyta, de dicho Estado. Esto occuría en octubre del año pasado. Ambos compañeros trabajaron con ardor, poniendo de acuerdo a los compañeros que residen en territorio mexicano, cuando Rodolfo Gallegos, que esta vez era carrancista y tenía la misión conferida por su amo de vigilar la frontera, tropezó con ellos por casualidad. El compañero Natividad Cortés fué fusilado en el acto, y Margarita llevada prisionera hasta la Baja California, donde Gallegos mandó dejarla en un lugar en que forzosamente tenía que ser vista y aprehendida por los huertistas, dejando de esa manera a éstos la tarea de asesinarla.

Margarita fué arrestada el 20 de noviembre del año pasado, cerca de Mexicali, por los huertistas, y puesta en un calabozo con centinela de vista. Los felones que la dragonean de autoridades aguzaron el ingenio para martirizarla. No tuvo miedo de confesar que era miembro del Partido Liberal mexicano, y que, por lo mismo, luchaba contra la hidra de tres cabezas: Autoridad, Capital, Clero; pero no delató a ninguno de los compañeros que estaban de acuerdo con ella para lanzar el grito de Tierra y Libertad en el Norte del Estado de Sonora. Entonces se la sujetó a tortura, como en los negros tiempos de la Inquisición. Sus cobardes verdugos la querían obligar a que descubriera a los compañeros que estaban comprometidos a rebelarse; pero todos los esfuerzos se estrellaron contra la voluntad de bronce de la admirable mujer. "¡Cobardes!—gritaba—haced pedazos mi carne, resquebrajad mis huesos, bebeos toda mi sangre, que jamás denunciaré a mis amigos!"

Entonces los sicarios de la tiranía la condenaron a estar en pie de día y de noche, en medio del calabozo, sin permitirla sentarse o apoyarse contra la pared. Rendida por el cansancio, a veces vacilaba y tenía que apoyarse en el centinela que vigilaba: un empellón y un puntapié la ponían en media del calabozo. Otras veces caía por el suelo, desfallecida y agotada por tanto sufrimiento: a culatazos se la hacía ponerse nuevamente en pie.

Cuatro días con sus noches duró ese suplicio, hasta que las autoridades de Mexicali la sacaron del calabozo el 24 de noviembre para fusilarla. Se formó el cuadro de la ejecución en un lugar desierto, por la noche, para que nadie se enterara del antentado. Margarita sonreía. Los verdugos temblaban. Las estrellas titilaban como si forcejearan por descender para conronar la cabeza de la mártir.

Una descarga cerrada hizo rodar por tierra, sin vida, a la noble mujer, cuya existencia ejemplar debe servirnos de estímulo a los desheredados para redoblar nuestros esfuerzos contra la explotación y la tiranía.

Ricardo Flores Magón
REGENERACIÓN. 13 de junio de 1914.

19. "La Raza Proscrita"

Discurso pronunciado el 4 de Julio de 1914
en Santa Paula, California [fragmento]

El deber de todos los trabajadores es salir a la defensa de nuestros presos; y para los que somos de raza mexicana, el deber es doblemente imperioso. Bien sabéis, mexicanos, que en este país nada valemos. La sangre de Antonio Rodríguez todavía no se orea en Rock Springs; está caliente aún el cuerpo de Juan Rincón; está fresca la sepultura de Silvestre Lomas; en las encrucijadas de Texas blanquean las osamentas de los mexicanos; en los bosques de Louisiana, los musgos adornan los esqueletos de los mexicanos. ¿No sabéis cuántas veces ha recibido el trabajador mexicano un balazo en mitad del pecho al ir a cobrar su salario a un patrón norteamericano? ¿No habéis oído que en Texas—y en otros Estados de este país—está prohibido que el mexicano viaje en los carros de los hombres del piel blanca? En las fondas, en los hoteles, en las barberías, en las playas de moda, no se admite a los mexicanos. En Texas se excluye de las escuelas a los niños mexicanos. En determinados salones de espectáculos hay lugares destinados para los mexicanos.

Justicia o rebelión

¿No constituye todo esto un ultraje? ¿Y cómo detener tanto ultraje si permanecemos con los brazos cruzados? Si tenemos vergüenza, ahora es cuando debemos ponernos en pie. Unámonos como un solo hombre para demandar la libertad absoluta de nuestros hermanos presos en Texas; agitemos la opinión; demostremos que sabemos unirnos enfrente de la injusticia y de la tiranía, y si a pesar de nuestros esfuerzos y de demostrar su inocencia, no se pone en libertad a nuestros hermanos, levantémonos en armas, que es preferible morir a arrastrar una vida de humillaciones y de vergüenza. Si no se hace justicia a los nuestros, enarbolemos la bandera roja aquí mismo y hagámonos justicia con nuestras propias manos. Acción reclaman los tiempos que corremos; pero no la acción de poner en tierra las rodillas y elevar los ojos al cielo, sino la acción viril, que tiene como compañeras la dinamita y la metralla.

Hay que hacer entender a los perseguidores que si el verdugo pone la cuerda de la horca en el cuello de Rangel y compañeros, nosotros, los trabajadores, pondremos nuestras manos en el cuello de los burgueses. ¡Ahora o nunca!; esta es la oportunidad que se nos presenta para detener esa serie de infamias que se cometen en este país en las personas de nuestra raza por el único delito de ser mexicanos y pobres, pues hasta hoy no se ha visto que un burgués mexicano haya sido atropellado. Es contra nosotros los pobres, contra los trabajadores contra quienes se comete toda clase de atentados. Unámonos todos los desheredados resueltos a ser respetados o a morir, y gritemos a la burguesía ensoberbecida: ¡justicia o rebelión! ¡Viva Tierra y Libertad!

Ricardo Flores Magón
REGENERACIÓN.

20. "Los Levantamientos en Tejas"

Hace varias semanas que la Prensa burguesa viene dando cuenta de combates librados entre mexicanos y fuerzas de los Estados Unidos en territorios que comprenden los condados texanos de Hidalgo, Cameron, Starr y otros vecinos a los mencionados. Como es natural, se oculta la causa de esa contienda. Se quiere hacer entender que los levantamientos de mexicanos en aquella sección de los Estados Unidos se deben a un acuerdo entre mexicanos para llevar a cabo un Plan de San Diego, que aboga por la independencia del vasto territorio que los Estados Unidos arrebataron a México a mediados del siglo pasado. El tiempo transcurre, y la verdadera causa de ese movimiento va apareciendo. No es el deseo de poner, bajo el control de México, el territorio que abarcan los Estados de Texas, Nuevo México, Arizona, Colorado, California y parte de otros lo que ha impulsado a los mexicanos residentes en Texas a levantarse en armas contra las autoridades de los Estados Unidos, sino otro muy distinto: el de ponerse a salvo de los atentados de que son víctimas, con tanta frecuencia, en este país, las personas de nuestra raza. He aquí cómo explica un periódico burgués, "El Presente," de San Antonio, Texas, el origen de los levantamientos. Dice así:

"El origen de la revuelta se encuentra en los siguientes hechos: Un mexicano bailaba en una casa de un pueblecillo cercano a Brownsville y un norteamericano quiso arrebatarle la mujer. El mexicano se opuso y al salir a la calle fue muerto a tración por el norteamericano. Los mexicanos vengaron inmediatamente la muerte de su paisano, y eso dio origen a que los vengadores se retiraran del poblado, ya armados y dispuestos a defenderse del linchamiento o de la horca. La situación precaria de varios hombres les hizo ver una oportunidad para alzarse en armas, y las tomaron, para ganarse el pan en esta forma violenta."

¡Cuán distinto es todo esto a las mentiras propaladas por el resto de la Prensa burguesa!

Como se ve, el movimiento de Texas comenzó con la rebeldía de un puñado de hombres que no quisieron ser víctimas de la justicia imperante en ese Estado con las personas de nuestra raza, a cuyo puñado se agregaron todos aquellos que, cansados de ofrecer sus brazos a los burgueses para que se los exploten, sin obtener el trabajo deseado, encontraron en la actitud de los rebeldes una buena oportunidad para arrancar por la fuerza, de las manos de los capitalistas, lo que éstos niegan a los pobres: un pedazo de pan para ellos y sus familias.

Naturalmente esos rebeldes fueron víctimas de una feroz persecución, porque la señora Autoridad así es: intransigente y feroz a tal grado que, en lugar de procurar la paz entre los hombres, con sus actos atentatorios los excita a la guerra. En vez de acercarse a aquellos hombres y con buenas maneras tratar de calmarlos garantizándoles la tranquilidad y la libertad a que tiene derecho todo ser humano, sus representantes, esos bárbaros llamados "rangers," especie de policía rural de la comarca norteamericana fronteriza con México, abrieron fuego sobre los rebeldes tan pronto como los tuvieron a la vista. Los rebeldes contestaron, y esto fue el comienzo del estado de guerra en que se encuentra aquella porción de los Estados Unidos.

Sin embargo, todavía entonces pudo haber quedado confinado el movimiento a la lucha entre los rebeldes originales y los "rangers"; pero la Autoridad no es escudo ni amparo del pobre, sino su azote, y, por lo tanto, en lugar de proteger a los habitantes pobres de la región por dónde hacía su persecución a los rebeldes, comenzo a hostilizarlos de mil maneras, pretendiendo encontrar un rebelde en cada varón mexicano con que los esbirros tropezaban, y comenzó entonces una cacería infame de los "rangers" contra los mexicanos. Los "rangers," reforzados por civiles, partidas de polizontes y de desalmados de todas descripciones, entraban en tropel a las humildes casas habitadas por mexicanos, porque la Autoridad nunca molesta a los burgueses, de los cuales es perro guardián, y allí se entregaban a verdaderas saturnales de caníbales disparando sus armas, sobre hombres, viejos, mujeres y niños, tratando de vengar en personas inocentes las bajas que en abierta lid les hacían los rebeldes. Una de tantas casas asaltadas fue la del compañero Aniceto Pizaña, hombre honrado que residía con su familia en el rancho de Los Tulitos, de jurisdicción de Brownsville. La casa fue asaltada por una turba de salvajes representantes de la Autoridad el 3 de Agosto, disparando los asaltantes sobre sus moradores sin consideración a sexo ni edad. Aniceto no es hombre que se deja atropellar; Aniceto es un proletario consciente de sus derechos, y con tres compañeros más, que a la sazón se encontraban en su casa, respondió al fuego de los bandidos cuyo número era de treinta a treinta y cinco. Rudo fue el combate que se entabló. Nuestros cuatro compañeros hicieron prodigios de valor, pues los asaltantes se encontraban bien parapetados, y a pesar de que todas las ventajas estaban de parte de los esbirros, nuestros heroicos hermanos los tuvieron a raya durante más de media hora, haciéndoles varios muertos y heridos. Desgraciadamente un niño, el único hijo de Aniceto, fue herido en una pierna de un balazo que le dieron los bandidos, y hubo necesidad de amputársela. Desde entonces Aniceto se encuentra también sobre las armas, y, según la Prensa burguesa, su actividad revolucionaria es intensa. El caso de Aniceto no es un caso aislado: lo mismo ocurrió en otros lugares de la región de Brownsville. Similares atropellos fueron llevados a cabo por los representantes de la Autoridad en personas que tal vez nunca habían pensado en rebelarse; pero a quienes las circunstancias hicieron tomar las armas para defenderse de salvajes atropellos, para salvar su vida y la de los suyos, o siquiera para tener la satisfacción de cambiar una vida laboriosa y honrada por la vida criminal de un "ranger," de un polizonte o de un voluntario del salvaje Estado de Texas.

He ahí la manera de propagar una chispa de rebeldía; y lo que comenzó por ser una vulgar persecución a un puñado de personas, se ha transformando, por la estupidez de la autoridad, en una verdadera revolución. No hay tal Plan de San Diego, ni patrañas de esa clase: lo que hay es un movimiento de legítima defensa del oprimido contra el opresor. Los que están sobre las armas no son bandidos, como los trata la prostituta Prensa burguesa, sino hombres que, no encontrando protección de la autoridad, la buscan en el rifle; hombres que prefieren vender caro sus vidas a dejarse matar como borregos por bandidos sin conciencia y sin honor.

Los crímenes cometidos por los "rangers" en estos últimos dos meses, y particularmente en estas últimas semanas, crispan los nervios al hombre más flemático. Cientos de mexicanos inocentes han sido muertos por esos salvajes, encontrándose entre las víctimas hombres, ancianos, mujeres y niños. Las casas de los mexicanos han sido incendiadas, sus sembrados arrasados y, esos atentados han contribuido a extender el movimiento revolucionario. El periódico local, "The Los Angeles Tribune," dice en su edición de 8 del pasado, refiriéndose a la zona envuelta en la revolución en el Estado de Texas: ". . . un territorio tan grande como el Estado de Illinois está sobrecogido de temor de asaltos a medianoche, incendio de haciendas y muerte."

En otra parte de la misma edición dice el mismo periódico: "Más de quinientos mexicanos han sido muertos en el Rio Grande desde hace tres semanas a esta parte, según noticias rendidas por los "rangers," este día—7 de Septiembre—a oficiales de policía en los condados afectados por la revolución."

Esto es lo que confiesan los "rangers"; pero, conocidos los instintos criminales de las bestias feroces que integran esos cuerpos policiacos en los Estados de Texas, es de presumirse que se han quedado cortos en su información, y que más debe ascender el número de víctimas de la Autoridad. He aquí como habla "El Presente" al referirse a las víctimas de los "rangers": "Nadie sabe quién mató a los hombres que aparecen colgados en los árboles o acribillados a balazos; pero todo el mundo señala a los "rangers." Y añade: "Se ha matado a los hombres debajo de una cama y se les ha matado dentro de sus casas, no obstante que reclaman un momento de paz para explicarse. Se les ha sacado de la cárcel para colgarlos, y lo que más se ha hecho es fusilarlos por la espalda después de que han entregado las armas y se han rendido."

¡Fusilarlos por la espalda cuando se han rendido! ¿Qué mayor prueba de felonía puede exigirse de un "ranger"?

Esto es, a grandes rasgos, lo que ocurre en Texas. No es un movimiento de bandidos, como trata de hacerlo aparecer la Prensa burguesa, sino el movimiento natural del hombre que, al ver amenazada su existencia, se defiende como puede.

Justicia y no balazos, es lo que debe darse a los revolucionarios de Texas. Y desde luego, todos debemos exigir que cesen esas persecuciones a mexicanos inocentes, y, por lo que respecta a los revolucionarios, debemos exigir también que no se les fusile. Quienes deben ser fusilados son los "rangers" y la turba de bandidos que los acompaña en sus depredaciones.

Ricardo Flores Magón
REGENERACIÓN. 2 Octubre 1915

21. "Progreso Revolucionario"

Como una nota que demuestra el gran progreso revolucionario alcanzado en los cinco años y meses de Revolución, consignamos la noticia siguiente, que copiamos del periódico "científico" "La Prensa," que se edita en San Antonio, Texas: "El Paso, Texas, febrero primero. El Congreso de mujeres, reunido en la ciudad de Mérida, a iniciativa del general Salvador Alvarado, gobernador del Estado de Yucatán, ha terminado el período de sesiones al que fué convocado. La úlitma resolución del referido Congreso, según los informes recibidos en el Consulado constitucionalista establecido en esta ciudad, es la de que la mujer es exactamente igual al hombre en inteligencia y que, por lo tanto, debe tener los mismos derechos que éste para desempeñar cargos públicos.

"El Congreso de mujeres yucatecas intenta, con esta declaración, dar autoridad a una campaña que va a ser iniciada próximamente para hacer que triunfen las candidaturas de las mujeres en las próximas elecciones que se efectúen en la Península."

Hasta aquí la noticia.

La resolución de que LA MUJER ES EXACTAMENTE IGUAL AL HOMBRE EN INTELIGENCIA, es magnífica y hace honor a los ideales de la Revolución, que ve en la mujer, no el sér inferior y despreciable, sino a la compañera, a la hermana del hombre, con quien debe luchar lado a lado por la emancipación humana; pues si la humanidad es esclava, ella lo es igualmente, y si es libre, libre también es ella.

Los anarquistas consideramos a la mujer enteramente igual al hombre en derechos, y vemos con gusto la importante resolución del Congreso de mujeres yucatecas que declaran que LA MUJER ES EXACTAMENTE IGUAL AL HOMBRE EN INTELIGENCIA. Lo único que nos digusta es que la mujer aspire a ocupar puestos públicos, y nos digusta eso; no porque se trate de mujeres, sino porque se trata de la conservación del sistema que nos oprime tanto a los hombres como a las mujeres.

Cuánto mejor sería que las bellas e inteligentes yucatecas, al comprender que la mujer es exactamente igual al hombre en inteligencia, luchasen por la anarquía, dentro de la cual el hombre y la mujer serán enteramente iguales y alcanzarán el máximo de libertad y de bienestar a que todo sér humano tiene derecho.

Dentro del sistema de la propiedad privada, por más que la mujer se esfuerce y se sacrifique por conquistar su libertad y su bienestar, no podrá lograrlo, como no lo puede lograr el hombre. El sistema capitalista y autoritario no es malo porque sean los hombres los que lo regentean, sino porque, por sí solo, es un sistema que esclaviza al sér humano, desde el momento que condena el mayor número a la servidumbre para que un puñado de parásitos goce todos los deleites y disfrute de todas las libertades.

La mujer proletaria, sea que gobierne el hombre o que gobierne la mujer, será tan esclava como lo es el hombre proletario.

El mal está, pues, en el sistema capitalista y autoritario, y es contra este odioso sistema que debemos revelarnos por igual hombres y mujeres.

La participación de la mujer en los asuntos públicos, conectados con el sistema capitalista, es, ciertamente, un progreso porque está basada en una consideración de justicia social: la que da a la mujer el mismo derecho que concede al hombre; pero constituye, al mismo tiempo, un retroceso por las consecuencias ulteriores de esa participación femenina en los asuntos políticos, porque si hasta ahora era una desgracia que se distrajera el proletario de la lucha económica y social, que debe sostener para lograr su total emancipación, con elecciones y demás farsas democráticas, la mujer será igualmente distraída de esa lucha fecunda, en que tanta falta hace su decidida cooperación; lo que tendrá que ocasionar, naturalmente, un retardo para el triunfo de la anarquía.

Los políticos son astutos. Ellos ven, con toda claridad, que la Revolución marcha hacia la anarquía, y salen a su encuentro con reformas que ponen obstáculos a su marcha, que la hacen más lenta; porque toda reforma, aun cuando a primera vista parece un progreso, por poco que se la escarbe se encuentra que es un obstáculo puesto al paso del progreso por sus efectos retardatarios.

La reforma no es una medicina que produce la salud, sino un calmante que la retarda. Los políticos son como los médicos bribones: que pudiendo aplicar un medicamento que devuelva pronto la salud al paciente, aplican calmantes para explotar por más largo tiempo la mala salud del cliente.

¡Cuánto bien harían a la humanidad las lindas y talentosas yucatecas si, en un momento de sana aspiración, hicieran a un lado la democracia y adoptasen, en su lugar, los principios anarquistas consignados en el Manifiesto de 23 de septiembre de 1911!

¡Cuánto se los agradecería el progreso!

Ricardo Flores Magón
REGENERACIÓN. 12 de febrero de 1916.

22. "Discurso"

pronunciado en El Monte, California, en 1917

Deseo deciros algunas palabras acerca de un mal hábito, bastante generalizado entre los seres humanos. Me refiero a la indiferencia, ese mal hábito que consiste en no fijar la atención en asuntos que atañen a los intereses generales de la humanidad.

Cada quien se interesa por su propia persona y por las personas más allegadas a él, y nada más; cada quien procura su bienestar y el de su familia, y nada más, sin reflexionar que el bienestar del individuo depende del bienestar de los demás; y que el bienestar de una colectividad, de un pueblo, de la humanidad entera, es el producto de condiciones que la hacen posible, es el resultado de circunstancias favorables, es la consecuencia natural, lógica, de un medio de libertad y de justicia.

Así, pues, el bienestar de cada uno depende del bienestar de los demás, bienestar que sólo puede ser posible en un medio de libertad y de justicia, porque si la tiranía impera, si la desigualdad es la norma, solamente pueden gozar de bienestar los que oprimen, los que están más arriba que los demás, los que en la desigualdad fundan la existencia de sus privilegios.

Por lo tanto, el deber de todos es preocuparse por los intereses generales de la humanidad para lograr la formación de un medio favorable al bienestar de todos. Sólo de esa manera podrá el individuo gozar de verdadero bienestar.

Pero vemos que en la vida corriente ocurre todo lo contrario. Cada uno lucha y se sacrifica por su bienestar personal, y no logra, porque su lucha no está enderezada contra las condiciones que son obstáculo para obtener el bienestar de todos. El sér humano lucha, se afana, se sacrifica por ganarse el pan de cada día; pero esa lucha, ese afán, ese sacrificio no dan el resultado apetecido, esto es, no producen el bienestar del individuo porque no están dirigidos los esfuerzos a cambiar las condiciones generales de convivencia, no entra en los cálculos del individuo que lucha, se afana y se sacrifica la creación de circunstancias favorables a todos los individuos, sino el mezquino interés de la satisfacción de necesidades individuales, sin hacer aprecio de las necesidades de los demás, y con frecuencia, aun con perjuicio de los intereses de los otros. Nadie se interesa por la suerte de los demás. El que está trabajando sólo piensa en que no le quiten el trabajo y se alegra cuando en una rebaja de trabajadores no entra él en el número de los cesantes, mientras que el que no tiene trabajo suspira por el momento en que el burgués despida a algún trabajador para ver si, de esa manera, logra él ocupar el puesto vacante, y hay algunos tan viles, hay algunos tan abyectos, que no titubean en ofrecer sus brazos por menos paga, y otros que en un momento de huelga se apresuran a llenar los lugares desocupados momentáneamente por los huelguistas.

En suma, los trabajadores se disputan el pan, se arrebatan el bocado, son enemigos los unos de los otros, porque cada quien busca solamente su propio bienestar sin preocuparse del bienestar de los demás, y ese antagonismo entre los individuos de la misma clase, esa lucha sorda por el duro mendrugo, hace permanente nuestra esclavitud, perpetúa la miseria, nos hace desgraciados, porque no comprendemos que el interés del vecino es nuestro propio interés, porque nos sacrificamos por un interés individual mal entendido, buscando en vano un bienestar que sólo puede ser el resultado de nuestro interés por los asuntos que atañen a la humanidad entera, interés que, si se intensificara y se generalizara, daría como producto la transformación de las condiciones actuales de vida, ineptas para procurar el bienestar de todos porque están fundadas en el antagonismo de los intereses, en otras basadas en la armonía de los intereses, en la fraternidad y en la justicia.

Veis por lo tanto, compañeros, que, para alcanzar el bienestar, es preciso, es indispensable fijar la atención en los intereses generales de la humanidad, hacer a un lado la indiferencia, porque la indiferencia eterniza nuestra esclavitud. Todos nos sentimos desgraciados; pero no acertamos a encontrar una de las principales causas de nuestro infortunio, que es nuestra indiferencia, nuestra apatía por todo lo que significa interés general.

La indiferencia es nuestra cadena, y somos nosotros nuestros propios tiranos porque no ponemos nada de nuestra parte para destruirla. Indiferentes y apáticos vemos desfilar los acontecimientos con la misma impasibilidad que si se tratara de asuntos de otro planeta, y como cada quien se interesa únicamente por su propia persona, sin preocuparse de los intereses generales, de los intereses comunes a todos, nadie siente la necesidad de unirse para ser fuertes en las luchas por el interés general; de donde resulta que, no habiendo solidaridad entre los oprimidos, el Gobierno se extralimita en sus abusos y los amos de toda clases hacen presa de nosotros, nos esclavizan, nos explotan, nos oprimen y nos humillan.

Cuando reflexionemos que todos los que sufrimos idénticos males tenemos un mismo interés, un interés común a todos los oprimidos, y nos hagamos, por lo tanto, el propósito de ser solidarios, entonces seremos capaces de transformar las circunstancias que nos hacen desgraciados por otras que sean favorables a la libertad y al bienestar.

Dejemos ya de apretarnos las manos y de preguntar angustiados qué será bueno hacer para contrarrestar las embestidas de la tiranía de los Gobiernos y de la explotación de los capitalistas. El remedio está en nuestra mano: unámonos todos los que sufrimos el mismo mal, seguros de que ante nuestra solidaridad se estrellarán los abusos de los que fundan su fuerza en nuestra desunión y en nuestra indiferencia.

Los tiranos no tienen más fuerza que la que les damos nosotros mismos con nuestra indiferencia. No son los tiranos los culpables de nuestros infortunios, sino nosotros mismos. Preciso es confesarlo: si el burgués nos desloma en el trabajo y exige de nosotros hasta la última gota de sudor, ¿a quién se debe ese mal sino a nosotros mismos, que no hemos sabido oponer a la explotación burguesa nuestra protesta y nuestra rebeldía? ¿Cómo no ha de oprimirnos el Gobierno cuando sabe que una orden suya, por injusta que ella sea y por más que lastime nuestra dignidad de hombres, es acatada por nosotros con la vista baja, sin murmurar siquiera, sin un gesto que haga constar nuestro descontento y nuestra cólera? ¿Y no somos nosotros mismos, los desheredados, los oprimidos, los pobres, los que nos prestamos a recibir de las manos de nuestros opresores el fusil destinado a exterminar a nuestros hermanos de clase, en los raros momentos en que la mansedumbre y la habitual indiferencia ceden su puesto a las explosiones del honor y del decoro? ¿No salen de nuestras filas, de la gran masa proletaria, el polizonte y el mayordomo, el carcelero y el verdugo?

Somos nosotros, los pobres, los que remachamos nuestras propias cadenas, los causantes del infortunio propio y de los nuestros. El anciano que tiende la mano temblorosa en demanda de un mendrugo; el niño que llora de frío de hambre; la mujer que ofrece su carne por unas cuantas monedas, son hechura nuestra, a nosotros deben su infortunio, porque no sabemos hacer de nuestro pecho un escudo; y nuestras manos, acostumbradas a implorar, son incapaces de hincarse, como tenazas, en el cuello de nuestros verdugos.

Ricardo Flores Magón
REGENERACIÓN.

23. "Manifiesto de la Junta Organizadora del Partido Liberal Mexicano a los Miembros del Partido, a los Anarquistas de Todo el Mundo y a Los Trabajadores en General*"

Compañeros:

El reloj de la Historia está próximo a señalar, con su aguja inexorable, el instante en que ha de producir la muerte de esta sociedad que agoniza.

---

*Por este manifiesto fueron sentenciados Ricardo Flores Magón a veinte años de prisión y Librado Rivera a quince y multa de 5 mil dólares.

La muerte de la vieja sociedad está próxima, no tarda en ocurrir, y sólo podrán negar este hecho aquellos a quienes interese que viva, aquellos que se aprovechan de la injusticia en que está basada, aquellos que ven con horror la Revolución Social, porque saben que al día siguiente de ella tendrán que trabajar codo con codo con sus esclavos de la víspera.

Todo indica, con fuerza de evidencia, que la muerte de la sociedad burguesa no tarda en sobrevenir. El ciudadano ve con torva mirada al polizonte, a quien todavía ayer consideraba su protector y su apoyo; el lector asiduo de la prensa burguesa encoge los hombres y deja caer con desprecio la hoja prostituida en que aparecen las declaraciones de los jefes de Estado; el trabajador se pone en huelga sin importarle que con su actitud se perjudiquen los patrios intereses, consciente ya de que la patria no es su propiedad, sino la propiedad del rico; en la calle se ven rostros que a las claras delatan la tormenta interior del descontento, y hay brazos que parece que se agitan para construir la barricada. Se murmura en la cantina; se murmura en el teatro; se murmura en el tranvía, y en cada hogar, especialmente en nuestros hogares, en los hogares de los de abajo, se lamenta la partida de un hijo a la guerra, a los corazones se oprimen y los ojos se humedecen al pensar que mañana, que tal vez hoy mismo, el mocetón que es la alegría del tugurio, el joven que con su frescura y su gracia envuelve en resplandores de aurora la triste existencia de los padres que están en su ocaso, será arrancado del seno amoroso de la familia para ir a enfrentarlo, arma al brazo, con otro joven que es, como él, el encanto de su hogar, y a quien no odia, y a quien no puede odiar porque ni siquiera lo conoce.

Las flamas del descontento se avivan al soplo de la tiranía cada vez más ensoberbecida y cruel en todo país, y aquí y allí, allá y acullá, y en todas partes, los puños se crispan, las mentes se exaltan, los corazones laten con violencia, y donde no se murmura, se grita, suspirando todos por el momento en que las manos encallecidas en cien siglos de labor deban dejar caer la herramienta fecunda para levantar el rifle que espera, nervioso, la caricia del héroe.

Compañeros: el momento es solemne; es el momento precursor de la más grandiosa **catástrofe política y social que la Historia registra:** la insurrección de todos los pueblos contra las condiciones existentes.

Va a ser, seguramente, un impulso ciego de las masas que sufren; va a ser, a no dudarlo, la explosión desordenada de la cólera comprimida apenas por el revólver del esbirro y la horca del verdugo; **va a ser el desbordamiento de todas las indignaciones** y de todas las amarguras, y va a producirse el caos, el caos propicio al medro de todos los pescadores a río revuelto; caos del que pueden surgir opresiones y tiranías nuevas, porque en esos casos, regularmente, el charlatán es el líder.

Toca pues, a nosotros los conscientes, preparar la mentalidad popular para cuando llegue el momento, ya que no preparar la insurrección, porque la insurrección nace de la tiranía.

Preparar al pueblo no sólo para que espere con serenidad los grandes acontecimientos que vislumbramos, sino para que sea capaz de no dejarse arrastrar por los que quieren conducirlo ahora por caminos de flores a idéntica esclavitud o tiranía semejante a la que hoy sufrimos.

Para lograr que la rebeldía inconsciente no forje con sus propios brazos la cadena nueva que de nuevo ha de esclavizar al pueblo, es preciso que nosotros, todos los que no creemos en Gobierno, todos los que estamos convencidos de que Gobierno, cualquiera que sea su forma y quienquiera que se encuentre al frente de él, es tiranía, porque no es una institución creada para proteger al débil, sino para amparar al fuerte, nos coloquemos a la altura de las circunstancias y sin temor propaguemos nuestro santo ideal anarquista, el único humano, el único justo, el único verdadero.

No hacerlo es traicionar, a sabiendas, las vagas aspiraciones de los pueblos a una libertad sin límites, como no sean los límites naturales, esto es, una libertad que no dañe a la conservación de la especie.

No hacerlo es dejar manos libres a todos aquellos que quieran aprovechar, para fines meramente personales, el sacrificio de los humildes.

No hacerlo es afirmar lo que dicen nuestros contrarios: "que está muy lejano el tiempo en que pueda implantarse nuestro ideal."

Actividad, actividad y más actividad, eso es lo que reclama el momento.

Que cada hombre y cada mujer que amen el ideal anarquista, lo propaguen con tesón, con terquedad, sin hacer aprecio de burlas, sin medir peligros, sin reparar en consecuencias.

Manos a la obra, camaradas, y el porvenir será para nuestro ideal.

Tierra y Libertad.

Dado en Los Angeles, Estado de California, Estados Unidos de América, el día 16 de Marzo de 1918.

Ricardo Flores Magón
Librado Rivera
REGENERACIÓN. 16 Marzo 1918

24. "Carta a Nicolás Bernal"

Penitenciaría Federal de los Estados Unidos.
Leavenworth, Kansas
Octubre 30 de 1920
[Traducción del inglés.]

Oakland, Calif.

Mi querido Nicolás:

San Francisco debe estar ahora hermoso. Viví allí en 1907, cuando gran parte de la ciudad estaba en ruinas, y uno de mis intentos revolucionarios en México también estaba en ruinas. Me oculté con mi pena entre las ruinas, cuando sobre mi cabeza pendía un premio de 20,000 dólares que se había ofrecido por mi arresto; el servicio secreto de las dos naciones me perseguía de un lugar a otro, de ciudad en ciudad. Era cuestión de vida o muerte para mí, porque mi arresto significaba mi paso inmediato a México y asesinado allí sin ninguna apariencia de juicio. Ya ves, mi querido hermano, cómo tengo muy buenas razones para recordar San Francisco. ¡Cuántos días pasé sin llevarme un pedazo de pan a la boca! Algunas veces me pasaba tres o cuatro días sin comer, y durante esos ayunos forzados pensaba en los miserables que matan por una pieza de pan, porque yo mismo me sentía asaltado por instintos asesinos, y habría matado si mis ideales no me hubieran apartado de esos pensamientos.

¡Cuán pronto pasa el tiempo y cómo cambia la suerte de los hombres, excepto la mía! Mis camaradas de aquella época son ahora generales, gobernadores, secretarios de Estado, y algunos de ellos han sido hasta presidentes de México. Ellos están ricos, son famosos y poderosos, mientras yo estoy pobre, obscuro, enfermo, casi ciego, con un número por nombre, marcado como un felón, pudriéndome entre este rebaño humano, cuyo crimen fue el de haber sido tan ignorante y tan estúpido de haber robado una pieza de pan, cuando es una virtud robar millones. Pero mis antiguos camaradas son hombres prácticos, mientras que yo sólo soy un soñador, y, por lo tanto, es mi propia culpa.

Ellos han sido la hormiga y yo la cigarra; mientras ellos han contado dólares, yo he gastado el tiempo contando las estrellas. Yo quería hacer un hombre de cada animal humano; ellos, más prácticos, han hecho un animal de cada hombre, y se han hecho ellos mismos pastores del rebaño. Sin embargo, prefiero ser un soñador que un hombre práctico.

Con mis mejores deseos de fraternidad universal, quedo tu hermano.

Ricardo Flores Magón

25. "Carta a Winnie Branstetter"

Mrs. Winnie Branstetter   March 24, 1921
Chicago, Illinois
[fragment]

My fate has been sealed. I have to die within prison walls, for I am not 42, but 47 years old, my good Comrade, and a 21-year sentence is a life-term for me. I do not complain against my fate, however, I am receiving what I have always gotten in my 30 years of struggling for justice—persecution. I knew since the first that my appeals to brotherhood, and love and peace would be answered by the blows of those interested in the preservation of conditions favorable to the enslaving of man by man. I never expected to succeed in my endeavor, but I felt it to be my duty to persevere, conscious that sooner or later humanity shall adopt a way of social intercourse with love as a basis. Now I have to die a prisoner, and under the sway of my growing infirmity. Before I be dead, darkness will have enshrouded me with a night without moons nor stars, but I do not regret it—it is my share in the great enterprise of hastening the advent of justice, the _____ to unknown goddess. My present and my future are dark, but I am certain of the bright future which is opened to the human race, and this is my consolation, this certainly comforts me. There will not be babies whining for milk, there will not be women selling their charm for a crust of bread; competition and enmity will give way to cooperation and love among human beings. Will not this be great? As a lover of the beautiful I exult at this prospect. Hitherto man has wronged the beautiful. Being the most intelligent animal, the one most favored by nature, man has lived in moral and material filth. Deceit and treachery have been the key to success, and treachery and deceit are plied to by those on top of the social structure, alas!, and by those below, too, thus making of social life a pandemonium in which shrewdness and artfulness triumph upon honesty and decency. Who is he who, feeling like a human being, does not feel his dignity outraged at the sight of such a regression to animal ferocity and cunning? Are not his brothers those who wallow in the swamp? Is not their degradation his degradation as well? In the midst of the splendors of nature man cuts a sorrowful figure, man is a disgrace to her beauty. When all things and beings on earth honor the sun, displaying their beauty to its light, man has nothing to exhibit but his tatters and his mange. And I feel ashamed of this. A lover of beauty, I resent this jarring of man in the harmony of creation.

This letter is already too long, and I am loath of wasting your valuable time, my dear Comrade, but I have something to tell you. By a letter a Comrade wrote to Rivera, I am informed that you know of a pension the Mexican Chamber of Deputies voted in my favor. It is true, my beloved Comrade, but [I] did not accept the pension. I, of course, appreciate the generous motives which prompted the deputies to decree it. I am most thankful, but I cannot accept a money which has not been voluntarily given by the people. This money was taken from the masses by means of taxation. Should the people have sent it directly, I would proudly have taken it.

Now I must close. Please pardon the length of this letter. Next time I shall write shorter. Give my fraternal greetings to the good Comrades, and you please accept my comradely love.

R. Flores Magón

26. "Carta a Harry Weinberger"

Post Office Box 7
Leavenworth, Kansas
May 9, 1921

Mr. Harry Weinberger
Counselor at Law
New York City

My Dear Mr. Weinberger:

Your letter of the 25th of last April and a copy of Mr. Daugherty's letter to you received. You want me to furnish you with data regarding the sentence which ended on January 19, 1914; but in order for you to judge whether I have been the victim of a conspiracy bent on keeping in bondage the Mexican peon, or not, I am going to furnish you with an abstract of the persecution I have suffered ever since I took refuge in this country. I must, before going any further, beg your pardon for my keeping your attention from other business undoubtedly more important than mine.

After years, many years, of an unequal struggle in the press and the political clubs of the City of México against the cruel despotism of Porfirio Díaz; after having suffered repeated incarcerations for my political beliefs ever since I was 17 years old, and having almost miraculously escaped death at the hands of hired assassins on several occasions in that dark period of the Mexican history when the practice of the government was to silence truth's voice with the firing squad, or the dagger, or the poison; after the judiciary, by judicial decree of June 30, 1903, forbade me not only to write for my own journals but to contribute for theirs as well, having my printing plants successively sequestrated by the government and my life being in peril, I decided to come to this country, which I knew to be the land of the free and the home of the brave, to resume my work of enlightenment of the Mexican masses.

The 11th day of January, 1904, saw me set my foot on this land, almost penniless, for all that I had possessed had been sequestrated by the Mexican Government, but rich in illusion and hopes of social and political justice. *Regeneración* made its reappearance on American soil in November, 1904. On the following December, a ruffian sent by Díaz entered my domicile, and would have stabbed me in the back had it not been for the quick intervention of my brother, Enrique, who happened to be near by. Enrique threw the ruffian out of the house, and showing that this brutal assault on my person had been prepared by certain authorities, and the possible failure of the ruffian's attempt foreseen, at the falling of the latter on the sidewalk a swarm of agents of the public peace invaded the premises. Enrique was made a prisoner and jailed, and finally condemned to pay a fine for disturbing the peace. Embolded by the protection he enjoyed, the ruffian again forced his entrance into my house. This time I telephoned the police; the man was arrested, and I was summoned to appear in court the following day early in the morning. When I arrived at the police court the man had already been released. . . . Being my life was so lightly regarded by those who claim to have been empowered with authority to safeguard human interests and life, I decided to move southward, and in February, 1905, *Regeneración* resumed publication at St. Louis, Mo. In October, same year, trouble broke loose against me. A Mexican Government official, by the name of Manuel Esperón y de la Flor, who maintained the worst type of slavery in the district under his command, for he used to kill men, women and children as feudal lords used to do, was chosen by Díaz to come and file against me a complaint for what he deems to be a slanderous article which had been printed in *Regeneración,* and dealing with the despotism he displayed on the unfortunate inhabitants of the district under his control. A charge of criminal libel was preferred and I was thrown into jail with my brother, Enrique, and Juan Sarabia. Everything in the newspaper office was sequestrated—printing plant, typewriter machines, books, furniture and so on—and sold before a trial had taken place. A detail that illustrates the connivance between the Mexican and American authorities to persecute one, may be seen in the fact that the postmaster at St. Louis called me to his office with the apparent purpose of getting from me some information as to the financial status of the newspaper, but in reality to let a Pinkerton detective see me, that he might identify me later. The detective was already in the postmaster's office when I arrived there in compliance to his summons. This same detective led the officers who arrested me. After months of languishing in a cell, I got released on bail, to find that the second-class privilege of *Regeneración* had been canceled by the Postmaster General on the flimsy pretext that more than half of the regular issues of the newspaper circulated in México, and that extradition papers were being prepared in México to ask my delivery to the Mexican authorities. I paid my bondsman the amount of my bail, and on March, 1905, I took refuge in Canada, for I was certain that death awaited me in México. At that time, the mere asking by Díaz for a man he wanted was enough to spirit a man across the line to be shot. While in Toronto, Ontario, *Regeneración* was being published in St. Louis. The Díaz agents found at least my whereabouts. I was informed of their intentions and evaded arrest by moving to Montreal, Quebec. Few hours after my having left Toronto, the police called at my abandoned domicile. I ignore until today how could Díaz throw the Canadian authorities against me.

While in Montreal, my Mexican Comrades in México were planning an uprising to overthrow the savage despotism of Porfirio Díaz. I secretly moved to the Mexican frontier on September, 1906, to participate in the generous movement. My presence in El Paso, Texas, though kept strictly unknown, was discovered by American and Mexican sleuths, who on the 20th of October, same year, assaulted the room where I had to confer with some of my Comrades, Antonio I. Villarreal, now Minister of Agriculture in Obregon's cabinet, and Juan Sarabia, were arrested. I escaped. A price was put on my head. A $25,000 reward was offered for my capture, and hundreds of thousands of leaflets bearing my picture and a description of my personal features were circulated throughout the Southwest, and fixed in post offices and conspicuous places with the temptive reward. I succeeded, however, in evading arrest until August 23, 1907, when, with Librado Rivera and Antonio I. Villarreal, I was made prisoner in Los Angeles, Cal., without the formality of a warrant.

The intention of the persecutors was to send us across the border, this being the reason of their actions without a warrant, as they had done on Manuel Sarabia on June of the same year. Sarabia was one of my associates. Without a warrant he was arrested at Douglas, Ariz., by American authorities, and in the dead of night delivered to Mexican rurales, who took him to the Mexican side. The whole Douglas population arose against such a crime, and the unrest which it produced was so intense that Sarabia was sent back to the United States three or four days later, where he was immediately released. We avoided being kidnaped into México by voicing in the street the intentions of our captors. A big crowd gathered, and it was necessary for our abductors to take us to the police station, and to rapidly manufacture a charge against us. Our lawyer, Job Harriman, got an affidavit, which I think was sent to the Department of Justice, wherein it is alleged that one Furlong, head of a St. Louis detective's agency, confessed that he was in the employment of the Mexican Government and paid by it, and that it was his purpose to kidnap us across the Mexican border.

Charge after charge was preferred against us, ranging in importance from resisting an officer to robbery and murder. All these charges were successfully fought by Harriman, but in the meantime our persecutors were forging documents, training witnesses and so forth, until at length they finally charged us with having broken the neutrality laws by giving material assistance to patriots to rise in arms against Porfirio Díaz. The forged documents and trained witnesses were examined by the United States Commissioner at Los Angeles, and as a result we were, after more than 20 months' incarceration in the county jail, sent to Tombstone, Ariz., to be tried. The mere reading of the depositions made by the government witnesses before the United States Commissioner at Los Angeles, and then before the judge of our trial at Tombstone, shows that they committed perjury in either place, or in both. Experts for the defense proved that the exhibited documents were gross forgeries. We were, however, sentenced to 18 months' imprisonment, which we served in Yuma and Florence, Ariz., being released on August 1, 1910, after three years spent behind prison bars.

Regeneración appeared again in September of the same year, this time in Los Angeles, Cal. On June, 1911, I was arrested with my brother, Enrique, Librado Rivera, and Anselmo L. Figueroa, charged with having violated the neutrality laws by sending men, arms and ammunition to those fighting in México against that form of chattel slavery known as peonage, which has been the curse of four-fifths of the Mexican population, as everybody knows. Jack Mosby, one of the prospected witnesses for the prosecution, said on the stand that the United States District Attorney had promised him all kinds of benefits if he perjured against us. Fake testimony was introduced by the prosecution, as proven by affidavits sworn by its witnesses after the trial was over, affidavits which must be on file in the Department of Justice, as they were sent there in 1912. In June, 1912, after a year of fighting the case, we were sent to McNeil Island to serve the 23 months' imprisonment to which we were condemned, having been released on January 19, 1914. Figueroa died shortly afterward as a result of his imprisonment.

On February 18, 1917, I was arrested with my brother Enrique, for having published in *Regeneración* articles against the treachery committed by Carranza, then President of México, against the workers, and for having written that the Mexicans who at the time were being assassinated by Texas rangers deserved justice rather than bullets. I got a sentence of one year and one day, for I was expected to live only a few more months, having been taken from a hospital bed to be tried. Enrique got three years. We appealed and finally succeeded in getting bond, under which we were released pending the appeal.

On the 21st of March, 1918, I was arrested with Rivera for having published in *Regeneración* the Manifesto for which I was given 20 years' imprisonment and Rivera 15. The wording and meaning of the Manifesto were construed as seditious by the prosecution, that is, as aiming at the insubordination and revolt of the military and naval forces of the United States. Any sensible person who happened to read the Manifesto would not draw such a conclusion, for in reality the Manifesto is only an exposition of facts and a fair warning to all mankind of the evils those facts might produce. In one of its paragraphs it is clearly stated that no one can make a revolution on account of it being a social phenomenon. The Manifesto was aimed at the prevention of the evils a revolution carries itself—the revolution being regarded from a scientific standpoint as a world-wide inevitable result of the unsettled conditions of the world. The Manifesto does not refer in the least to the policies of the American Government in the last war, nor gives aid and comfort to its enemies. It is neither pro-German nor pro-Ally, and does not single out the United States in its brief review of the world conditions. It was enough, however, to secure for me a life term behind prison bars. The persecution, this time, was exceedingly severe. My poor wife, Maria, was incarcerated during five months, and is now free on bond awaiting trial for having notified my friends of my arrest, that they should assist me in my legal defense.

After reading this extremely long and dreadfully tedious statement of facts, how could any person believe that I have rightfully been prosecuted and in no way persecuted? In each case, and in defiance of the law, bail has been fixed at enormous rates so as to prevent me making use of the privilege. As to the veracity of my assertions, my honor as a life-long fighter for justice is hereby solemnly pledged.

Mr. Daugherty says I am a dangerous man because of the doctrines I assert and practice. Now, then, the doctrines I assert and practice are the anarchist doctrines, and I challenge all fair-minded men and women the world over to prove to me that the anarchist doctrines are detrimental to the human race. Anarchism strives for the establishment of a social order based on brotherhood and love, as against the actual form of society, founded on violence, hatred and rivalry of one class against the other, and of members of one class among themselves. Anarchism aims at establishing peace forever among all the races of the earth by the suppression of this fountain of all evils—the right of private property. If this is not a beautiful ideal, what is it? No one thinks that the peoples of the civilized world are living under ideal conditions. Every conscientious person feels himself shocked at the sight of this continual strife of man against man, of this unending deceiving of one another. Material success is the goal that lures men and women the world over, and to achieve it no vileness is too vile, no baseness is too base, to deter its worshippers from coveting it. The results of this universal madness are appalling; virtue is trampled upon by crime, and artfulness takes the place of honesty. Sincerity is only a word, or at the most, a mask under which fraud grins. There is no courage to uphold the convictions. Frankness has disappeared and deceit forms the slippery plan on which man meets man in his social and political intercourse. "Everything for success" is the motto, and the noble face of the earth is desecrated with the blood of the contending beasts . . . Such are the conditions under which we civilized men live, conditions which breed all sorts of moral and material torture, alas! And all sorts of moral and material degradation. At the correction of all these unwholesome influences and the anarchist doctrines aim, and a man who sustains these doctrines of brotherhood and love can never be called dangerous by any sensible, decent person.

Mr. Daugherty agrees on my being sick, but he thinks that I can be taken care of in my sickness in prison as well as it could be done on the outside. Environment is all-important in the treatment of diseases, and no one would ever imagine that a prison cell is the ideal environment for a sick man, and much less when the presence in prison of such a man is owing to his having been faithful to truth and justice. The government officials have always said that there are not in the United States persons kept in captivity on account of their beliefs, but Mr. Daugherty says in his letter to you: "He, in no manner, evinces any evidence of repentance, but on the contrary, rather prides himself upon his defiance of the law. . . . I am of the opinion, therefore, that until he indicates a different spirit than that expressed in his letter to Mrs. Branstetter, he should at least serve until August 15, 1925." The quoted paragraphs, and the part of Mr. Daugherty's letter in which he says I am regarded dangerous on account of my doctrines, are the best evidence that there are persons kept in prison owing to their social and political beliefs. If I believed that it is not persecution, but prosecution, that has been exerted against me; if I believed that the law under which I was given a life term in prison was a good law, I would be set free, according to Mr. Daugherty. That law was undoubtedly a good law but to a few persons, those who had something to gain with its enactment. As for the masses, the law was a bad one, for thanks to it thousands of young American men lost their lives in Europe, many thousands more were maimed or otherwise incapacitated to earn a livelihood, and thanks to it the colossal European carnage, where scores of millions of men were either slain or maimed for life, received momentous impulse and bred the tremendous financial crises which is threatening to plunge the world into chaos. However, as I have stated before, I did not violate this law with the issuance of the Manifesto of March 16, 1918.

As for the matter of repentance to which Mr. Daugherty gives so much importance, I sincerely state that my conscience does not reproach me with having done wrong, and therefore, to repent of what I am convinced is right would be a crime on my part, a crime that my conscience would never pardon me. He who commits an anti-social act may repent, and it is desired that he repents, but it is not fair to exact a vow of repentance from him who all he wishes is to secure freedom, justice and well-being for all his fellow men regardless of race and creed. If some one ever convinces me that it is just that children starve, and that young women have to choose of two infernos one—prostitution or starvation; if there is a person who could drive out of my brain the idea of not being honorable to kill within oneself that elementary instinct of sympathy which prompts every sociable animal to stand by the members of its species, and that it is monstrous that man, the most intelligent of beasts, has to wield the weapons of fraud and deceit if he wants to achieve success; if the idea that man must be the wolf of man enters my brain, then I shall repent. But as this will never be, my fate is sealed. I have to die in prison, branded as a felon. Darkness is already enshrouding me as though anxious of anticipating for me the eternal shadows into which the dead sink. I accept my fate with manly resignation, convinced that some day, long perhaps after Mr. Daugherty and myself have breathed our last, and of what we have been there only remained his name exquisitely carved in a marble flag upon his grave in a fashionable cemetery, and mine, only a number, 14596, roughly scraped in some plebeian stone in the prison graveyard, justice shall be done me.

With many thanks for the activity you have shown on my behalf, I remain, sincerely yours,

(Signed)
Ricardo Flores Magón

Harry Weinberger wrote in regard to the matter of the case:

"This case was called to the attention of President Harding, by letter of April 25, 1921, in which I said: "I know the appeals are many, and our power of visualization of individuals that we only know as a case is poor, and yet I am pleading in this matter a human case and not a law case, as I was not the attorney for Mr. Magón, who was tried in the West.

"I hope you will call for the records in this case and examine them yourself, for, in the last analysis, all final decisions, responsibility and credit are yours."

I have not received a reply, nor has action been taken by the President."

27. "Carta a Nicolás Bernal"

Penitenciaría Federal de los Estados Unidos
Leavenworth, Kansas
Agosto 3 de 1921
[Traducción del inglés.]

Nicolás T. Bernal.
Oakland, Calif.
Mi querido Nicolás:

Tu carta del 18 de julio último la recibí.

Me llenan de regocijo los esfuerzos de los compañeros mexicanos. Sin embargo, no puedo abrigar la esperanza de ser puesto en libertad; anteriormente se han hecho esfuerzos para ello, pero sin provecho. Soy considerado peligroso por los que están en el Poder, como puede verse por la carta del señor Daugherty al señor Harry Weinberger. Peligroso para el capitalismo, por supuesto; peligroso para la tiranía, y mientras el capitalismo esté en la Silla en los Estados Unidos, seguiré siendo un forzado huésped de sus calabozos. El señor Daugherty, como vocero del Gobierno, quiere que demuestre yo arrepentimiento, y en esto el sarcasmo toca los límites de la tragedia. ¿Arrepentimiento? No he explotado el sudor, el dolor, la fatiga, ni el trabajo de otros; no he oprimido una sola alma; no tengo de qué arrepentirme. Mi vida ha sido consumida sin haber adquirido riqueza, poder o gloria, cuando pude haber obtenido estas tres cosas muy fácilmente; pero no lo lamento. Riqueza, poder o gloria solamente se conquistan atropellando los derechos de otro. Mi conciencia está tranquila, porque sabe que bajo mi vestidura de convicto late un corazón honrado. Yo pudiera ser puesto en libertad tan sólo con firmar una petición de perdón, arrepintiéndome de lo que he hecho, como sugiere el Ministerio de Justicia que haga. Entonces podría reunirme a mi pobre y abandonada familia; podría atender la decadencia de mi vista, cuya debilidad, que está siempre aumentando, arroja sombras a mi alrededor y amargura en mi corazón; pero pienso que la alegría de estar afuera de este infierno, que parece haberme tragado para siempre, sería cruelmente ahogada por la protesta de una indignada conciencia que me gritaría: ¡Vergüenza! ¡Vergüenza! ¡Vergüenza! Porque es mi honor como luchador por la libertad, mi honor como defensor del pobre y del desheredado, vigorizado en treinta años de lucha por la justicia para todos, el que está en peligro. Siendo así, no renunciaré el Ideal, venga lo que venga.

Con la esperanza de saber pronto de ti y algo respecto de la impresión de mi último drama, me despido con saludos para todos nuestros buenos camaradas, y un fuerte abrazo de tu hermano.

Ricardo Flores Magón

28. "Carta a Elena White"

Penitenciaría Federal de Los Estados Unidos
Leavenworth, Kansas
Septiembre 5 de 1921
[Traducción del inglés.]

Señorita Elena White.
Nueva York.
Mi querida camarada:

Estaba principiando a pensar que tal vez mi carta última habría sido traspapelada otra vez por esa pobre mujer de quien me hablaste el otro día, y que esta fue la causa de tu silencio; pero tu apreciable carta del 27 de agosto explica cómo estabas embargada de melancolías, haciendo dos víctimas a ti y a mí; a ti, que ya te tenía en sus garras, y a mí, porque me veía privado de recibir más pronto tu carta.

Deseas mi opinión sobre la actitud que debemos adoptar los libertarios ante el movimiento sindicalista. Hay una cosa que creo firmemente que no debemos hacer: estar en contra de ese movimiento. De todas las formas de organización del trabajo, el sindicalismo se encuentra en el terreno más avanzado, y es nuestro deber ayudarlo, y si no podemos llevar todo el movimiento al plano más elevado de nuestros ideales y aspiraciones, a lo menos debemos esforzarnos por impedir que retroceda a tácticas y fines más conservadores. Sin embargo, no creo que jamás el sindicalismo, por sí solo, llegue a romper las cadenas del sistema capitalista; eso se conseguirá por la labor de una conglomeración caótica de tendencias; eso será la labor ciega de las masas llevadas a la acción por la desesperación y el sufrimiento; pero entonces el sindicalismo puede ser el núcleo del nuevo sistema de producción y distribución, y en esta parte el sindicalismo será de gran importancia, porque su acción no sólo evitará la prolongación de una condición caótica favorable a la entronización de un nuevo despotismo, sino que librará a las masas de la necesidad y las privaciones, haciendo así difícil, si no imposible, su retroceso al estado de cosas ya desaparecido. ¿He sido bastante claro, mi querida Elena? Pero tú sabes todo esto tan bien como yo, y temo que estos garabatos míos sobre cuestión tan obvia te envíe a dormir. Sin embargo, me pediste mi opinión y no puedo evadir la respuesta. Como ves, considero que el sindicalismo servirá mucho para evitar la prolongación del caos inevitable, porque existirá una tendencia organizada ya firmemente establecida, al mismo tiempo que muchas otras tendencias andarán tentaleando aquí y allá en la obscuridad del momento, sin poder encontrar una dirección definida. Ahora, en vista del papel lógico a que está destinado el sindicalismo en la gran crisis que se nos enfrenta a los seres humanos, nosotros, los libertarios, no debemos permanecer inactivos: debemos sistemática y persistentemente emparar el movimiento sindicalista con nuestras doctrinas hasta el punto de saturación, para que cuando llegue el momento, la producción y la distribución se lleven a cabo bajo bases libertarias. Ya muchos sindicalistas han aceptado nuestros ideales; influenciemos al resto por medio de una intensa propaganda. Es tiempo ya de tener una asamblea nuestra en cualquier parte del mundo para estudiar los medios de hacer frente al porvenir. Por supuesto que la asamblea debe ser de carácter internacional. Creo que esta reunión daría gran impulso a nuestra labor. Ahora cambiemos de tema.

Leí "Gadfly" (El Tábano), "Back to Methuselah" (Vuelta a Matusalén) y las obras de Stepniak y Tolstói. No he leído "Woman" (La Mujer) y "Hunger" (Hambre); pero no lo deseo sino hasta después de tu sana crítica de las obras. Soy un lector muy descontentadizo, Elena. ¿Hay alguna nueva obra de Romain Rolland o de Andreas Latzks? He leído "Jean Cristophe," "Men in War" y el "Judgement of Peace"; "Men in War" es una obra maestra, el trabajo de un genio. Deseo leer algo como esto, brillante, vibrante, soberbio. Las vulgaridades del término medio de las buenas novelas me enferman. Tal vez más tarde llegarás a encontrar una novela maravillosamente escrita.

¿La tarjeta postal? Es hermosa. Nuestra Erma me mandó una igual el año pasado cuando fue a ver las cataratas. Yo no he visto la maravillosa cascada y creo que nunca la veré. He estado muy cerca de Niágara Falls, pero con la policía sobre mis talones, y bajo tales circunstancias, uno no quiere ver, menos ser visto. La tarjeta postal es hermosa, pero no me gusta el título. No es un sueño, sino un hecho: la atracción del abismo. . . . El peligro es una cosa horrorosa, pero debe haber en su fondo una ninfa que atrae a uno. No puedo inclinar mi cuerpo a la orilla de un precipicio sin sentir un loco deseo de arrojarme a él. A veces a la vista de un cable eléctrico que conduce un enorme voltaje, difícilmente puedo abstenerme de tocarlo. Una pistola cargada me tienta a poner su fría boca en mi sien. . . . ¿Es ello curiosidad, una curiosidad tan extremada que asume un carácter mórbido? No sé, pero para mí hay algo seductor en el peligro: una ninfa haciendo señas o algo amoroso en su fondo. Creo que el hombre o la mujer que dibujó esa ninfa en la tarjeta postal debe sentir lo mismo que yo.

Recibí carta de nuestra Erma, pero le contestaré hasta la semana entrante. Mientras tanto, le envío mi cariño, así como a los otros buenos camaradas. Tú, mi buena y querida Elena, mi cariño y admiración.

Ricardo Flores Magón

29. "Carta a Erma Barsky"

Ricardo Flores Magón
Post Office Box 7
Leavenworth, Kansas
March 16, 1922

Miss Erma Barsky
New York, N.Y.

My dear comrade:

Your postcard, and a letter from Dr. Weinberger received. Mr. Weinberger most kindly makes me know how my case, for lack of proper recommendations, cannot go to the President to be considered, according to word sent him by the Department of Justice. The recommendations, strange as it would seem to common mortals, are not my growing infirmity, nor the flagrant violation of the most rudimentary justice committed by the judge of my trial, nor my having dependents, nothing, in fine, that might appeal to the average human heart and conscience. The recommendations which the government officials deem of great importance are those that the judge and district attorney can make, and in my case, they were adverse . . . The judge could not confess his having been biased, and the district attorney found it hard to state that his zeal in getting for me the maximum penalty, was prompted by an immoderate desire to get promoted.

I beg you, my good comrade, to tell Mr. Weinberger that his letter was received, and that I appreciate his efforts to obtain my release, and his kindliness in always keeping one well posted as to his activities in my behalf. Now he is going to Washington. I think, however, that my case is a hopeless one. Humane interests have nothing to do with government officials. Government officials are part of a huge machine which has no heart, nor nerves, nor conscience. The governmental machine will never pay heed to my sufferings. That I am going blind? The machine will say with a shrug of its shoulders: "So much the worse for him." That I shall die here? "Well—the machine will say—there will be room enough in the prison graveyard to accommodate a corpse." That my dear ones may starve. "They will not be the only ones starving under the sun."—will be its reply. The essential thing for this machine to take a case into consideration, are not ethical motives. Expediency, and not justice, is the key which opens the prison gates. Yet, it is in the name of justice that it acts . . . Its assumption would move to laughter, were not for the tragedy in it. For nothing fruitful, noble, or great can ever result from expediency under the cloak of justice. It is the wolf under the guise of sheep. It is a crime stalking abroad, unavoidable as it is irrecognizable, and much more dangerous, in that it assumes a mien of dignity, and decency. Thus, in the name of justice the most savage and revolting acts are perpetrated. Was [it] not in justice's name that the officialdom of the most advanced nations of the world urged their peoples to cut each other's throats? and knowing this, how might I harbour any hopes as to the government officials ever getting moved by my torments? I am caught by the formidable mechanism of a monstrous machine, and my flesh may get ripped open, and my bones crushed, and my moans fill the space and make the very infinite shudder, but the machine will not stop grinding, grinding, grinding . . . Had

I a friend with political influence, that is, a piece of this astounding machine. I could be set free even if I had stepped upon one or all of the Ten Commandments. But I have none, and for expediency's sake I may rot and die, pent up like a wild beast in an iron cage, far away from the innocent creatures I love. My crime is one of those which have no atonement. Murder? No; it was not murder; human life is cheap to the machine's eyes, and thus a murderer gets easily released, or if he had killed by the wholesale, he will never dwell in an iron cage, but will be laden with honorific crosses and medals instead. Swindle? No; if this were the case I would have been appointed president of one big corporation or other. I have not killed, I have not stolen, I have not exploited women's prostitution, I have not caused my fellowmen to shed a tear or a drop of sweat or blood. I am a dreamer—this is my crime! I dream of the Beautiful, and find pleasure in sharing my dreams with my fellow-creatures. This is my crime; this is why I have been branded as a felon, and thrown into this hell, when the darkness begins to enshroud me before I am dead . . . Yet, my dream of the Beautiful, and my cherished visions of a humanity living in peace, and love, and freedom, dreams and visions which the machine abhors, shall not die with one, for so long as there should be upon this Earth of ours an aching heart or any eye full of tears, my dreams and my visions shall live!

And now, good-bye, my good Erma. I received candy—nice exquisite candy—night before last. Thanks, thanks, thanks. And to-night, I received such a wonderful letter from our beloved Ellen! I will write her next week. In the meantime, please offer her my love, and to all the other good comrades, and I hope that you will accept it as the only thing a captive can give.

Ricardo Flores Magón

30. "Carta a Irene Benton"

Penitenciaría Federal
Leavenworth, Kansas
2 de mayo de 1922
[Traducción del inglés.]

Señorita Irene Benton
Granda, Minnesota

Mi querida camarada:

¿No es una vergüenza dejar sin contestación una carta tuya desde el 10 del mes último? Pero no soy libre, mi querida amiga, de escribir más de tres cartas a la semana. Tú sabes esto, y espero que disimularás mi aparente negligencia.

Tu carta, tan perfectamente bien calculada para difundir algún calor en mi alma adolorida, tuvo éxito en su generosa misión, y especialmente la última parte de ella, en la que dices que tu querida madre te hable de mí, tocó las más delicadas fibras de mi corazón, me conmovió hasta derramar lágrimas, porque pensé en mi propia madre, muerta hace tantos años. ¡Hace 21 años! Estaba yo en la prisión en ese tiempo, castigado por haber denunciado la tiranía sangrienta de Porfirio Díaz, y, por lo tanto, no pude estar al lado de su lecho, no pude darle mi último beso, ni pude oír sus últimas palabras. Esto pasó en la ciudad de México el 14 de junio de 1900, unos tres años antes de mi venida a este país como refugiado político que busca la libertad.

Muchas gracias a ti y a tu querida madre por sus simpatías hacia mí, expresadas en tu hermosa carta.

Tu relación de la obra realizada ya en los campos y de la que está en preparación, es de lo más interesante, pues no puedes imaginarte cuánto amo el campo, las selvas, las montañas. "Los hombres—dices—han estado ocupados en los campos preparando el terreno para recibir la semilla. ¡Qué mundo de emociones y pensamientos promueven esas pocas palabras en mi sér, porque yo también he sido un sembrador, aunque sembrador de ideales . . . !, y he sentido lo que el sembrador de semillas siente, y la semejanza de emociones me incita a llamarle mi hermano y cooperador. El desposita sus semillas en las generosas entrañas de la tierra, y yo confío las mías en los cerebros de mis semejantes, y ambos esperamos. . . . y las angonías que él sufre en su espera son mis agonías. La más pequeña muestrà de mala suerte oprime nuestro corazón, deteniendo la respiración, espera que la rotura de la costra de la tierra le anuncie que la semilla ha brotado, y yo, con mi corazón comprimido, espero la palabra, la acción, el gesto que indique la germinación de la semilla en un cerebro fértil . . . La única diferencia entre el sembrador de semillas y el sembrador de ideales reside en el tiempo y la manera de trabajar; pues mientras que el primero tiene la noche para descansar y aflojar la tensión de sus miembros, y además espera hasta que la estación sea favorable para su siembra y solamente planta en donde el suelo es generoso, el último no tiene noches ni estaciones, todas las tierras merecen sus atenciones y trabajos; siembra en la primavera como en el verano, en el día y en la noche, en la noche y en el día; en todos los climas, bajo todos los cielos y cualquiera que pueda ser la calidad del cerebro; sin tener en cuenta el tiempo . . . Aunque el rayo truene en las alturas, en donde reside el árbitro de los destinos humanos.

El sembrador de ideales no detiene su obra, continúa hacia un futuro que mira con los ojos del espíritu, sembrando, siempre sembrando. Puños muy apretados pueden agitarse amenazadoramente, y todo a su alderredor puede temblar y llegar a arder en el odio que se desprende de aquellos cuyos intereses se benefician, dejando sin cultivo los cerebros de las masas. . . . . . El sembrador de ideales no retrocede, el sembrador de ideales continúa sembrando, siempre sembrando. . . . lejos y cerca, aquí y allá, bajo cielos lívidos iluminados por un sol amarillo que, proyectando sus lúgubres siluetas contra ceñudos horizontes, que hacen presentir cadalzos sobre el suelo, que agitan sus siniestros brazos como antenas de monstruosas criaturas engendradas por la fiebre o alimentadas por la locura, mientras enormes puertas negras de hierro bostezan somnolientas por su carne y su alma. . . . . El sembrador no retrocede, el sembrador continúa siempre sembrando, y ésta ha sido su tarea desde tiempo inmemorial, ésta ha sido su suerte, aun desde antes de que la raza emergiese dignificada y erecta de la selva bravía, en donde su infancia transcurrió cerca de los otros cuadrumanos y con el resto de la fauna de los cuadrúpedos, porque el sembrador de ideales ha tenido siempre una misión de combate, pero serena y majestuosamente; con un amplio movimiento de brazos, tan amplio que parece trazar en el aire hostil la órbita del sol, constantemente siembra la semilla que hace avanzar la humanidad, aunque con grandes tropiezos, hacia ese futuro que él mira con los ojos del espíritu. . . . .

¡Tu carta es tan tierna . . . ! ¡oh, mi querida camarada!; eres tan delicada como tu madre. Sí, tu simpatía me calma, me hace mucho bien; gracias un millón de veces. Los recortes son muy interesantes y las pinturas muy simpáticas. Ahora, ¡adiós!

Dí a Rivera tu recado; está muy agradecido. Tuyo fraternalmente.

Ricardo Flores Magón

31. "Carta a Elena White"

Penitenciaría Federal de los Estados Unidos
Leavenworth, Kansas
Agosto 25 de 1922
[Traducción del inglés.]

Señorita Elena White.
Nueva York, N.Y.

Mi querida camarada:

De modo que mi carta no se perdió. Me alegro, mucho me alegro que haya llegado con seguridad a su apreciable destino, como puedo ver por el contenido de tu afectuosa misiva, fecha 5 del presente, la cual recibí, aunque no así las flores. . . . . ¡Pobres flores! Pero tu carta es más hermosa que mil flores. ¡Qué bien escribes cuando quieres hacerlo! . . . . . .

No me siento inclinado a escribir esta vez; ¡siento tanta melancolía. . . . . . ! He estado muy enfermo durante estos últimos tres o cuatro meses; parece como que los grandes fríos, que tanto me atormentan, están degenerando en una enfermedad terrible, espantosa. Durante los últimos diez días, poco más o menos, he estado esputando sangre. He sido examinado, pero no conozco el resultado; pues el análisis del esputo fue hecho en Topeka, Kansas, y el informe aún no llega aquí. No puedo menos que sentirme triste. Comprendo que de una manera u otra tiene uno que morir; pero, a pesar de eso, no puedo dejar de estar triste. Sin embargo, tu carta es tan agradable; encuentro tanta fragancia en ella, que me siento inspirado. ¡Cuán grande es el poder de la expresión sincera de los sentimientos! Y bajo el encanto de tus sentimientos, sueño. He aquí que han desaparecido los muros, y las rejas y los puños velludos armados con garrotes, signos todos de mi existencia crepuscular. ¡Qué bien y con qué claridad veo, y con qué fuerza y qué vigoroso me siento: es un milagro! Mientras que vibre en mis oídos una suave melodía que pocos mortales oyen, miro, a través del aire traslúcido, las calles, y las plazas, y los edificios y los monumentos de una ciudad, de la Ciudad de la Paz, como lo comprendo por una señal desplegada en la parte más alta de los más elevados edificios y monumentos de esta maravillosa comunidad. Un suspiro de alivio brota de mi atormentado pecho, y como si este suspiro, que parece compendiar la tristeza colectiva que ha vivido en los corazones de los humildes de todos los países, desde que en la noche de los tiempos fue oído por primera vez el silbido de un látigo manejado por un amo, fuese la señal para las felices multitudes de entrar en la vida, las calles, las plazas, los edificios y los monumentos se llenan repentinamente de gente, viejos y jóvenes, hombres y mujeres, los dichosos moradores de la Ciudad de la Paz. Con respeto y admiración dirijo una mirada a toda la extensión abarcando toda la pompa de las calles, las plazas, los edificios y monumentos, que parecen sonreír bajo el sol; no se ve una sola torre de iglesia apuntando hacia las alturas como en un esfuerzo para hacer al hombre ver con desprecio las cosas de la vida, ni está el claro azul del cielo afrentado con las feas siluetas de muros almenados; ni una prisión, ni una casa de tribunal, ni el edificio del capital ofenden la suave y tranquila belleza de la Ciudad de la Paz. Es la Ciudad sin Pecado ni Virtud. En su admirable lenguaje vernacular, lleno de palabras capaces de expresar las más sutiles y más ligeras emociones, no hay significado para las palabras Amo y Esclavo, Caridad y Piedad, Autoridad y Obediencia. Como no existe el Pecado, la Vergüenza es desconocida allí. Las nociones del bien y el mal no tienen raíces en los corazones de esta gente inocente y pura;

ellos son naturales, y naturalmente y sin ostentación, hombres, y mujeres y niños exhiben sus encantos y su belleza como lo hacen las flores. No son ni buenos ni malos: son sencillamente hermosos como los árboles, como las plantas, como las aves, como las estrellas, porque, como los árboles, y las plantas, y las aves y las estrellas siguen el ritmo de la Vida, ese ritmo que los pueblos atrasados tratan de confinar en las páginas amarillas del código, como una persona cruel arroja a una jaula a los cantores de las selvas. Y contemplo y contemplo las multitudes felices de la Ciudad de la Paz. No hay prisa, no hay precipitación entre ellos, no hay una cara ansiosa leyendo el tiempo en los relojes públicos. Tanto cuanto mi vista alcanza, no hay señales de chimeneas que envenenen el aire, ni manchen el azul del cielo con el sucio humo negro: estas benditas gentes han encontrado la manera de hacer agradable el trabajo, supri-miendo a los parásitos y convirtiéndose ellos mismos en propietarios y trabajadores al mismo tiempo. Algunos de ellos van al trabajo, otros se divierten; pero todos ellos llevan el mismo aspecto radiante, porque trabajo y placer son ahora sinónimos. Allí no hay pobres. Los jóvenes y las doncellas, cogidos de la mano y meciéndose rít-micamente alderredor del monumento de la Belleza, están desnudos! Sí, pero no son pobres; están honrando la Belleza y se han quitado sus hermosos vestidos para mostrar su gloriosa desnudez; porque ¿hay algo más bello que la desnudez del hombre y de la mujer? "El Ideal es más bello," dice una voz gentil: "el Ideal es la Belleza misma."

Tengo que suspender mis extravagancias, mi querida camarada; el espacio no es bastante grande para la completa extensión de mis alas.

Dale mi cariño a todos nuestros buenos camaradas.

Ricardo Flores Magón

32. "Carta de Rivera Transmitida por Palma"

Post Office Box 7
Leavenworth, Kansas
November 25, 1922

Raúl Palma,
Dear brother:

The autopsy or careful examination of Ricardo's body in order to know the real cause of his death, seems to me imperative, not only to satisfy his numerous friends' just doubts, but to make light, much light in this black crime committed against our beloved one.

Before Ricardo's cadaver none of the criminals in the plot to kill him can not deny now that he was right to the last moment. Magón was very sick. He made often strong appeals for an impartial examination of his body, but he was not heard. His calls were answered with deep disdain by his hangman. He died alone in his cell. The telegram addressed to you was made by Warden Biddle's order not withstanding my protests. My telegram was not allowed as it was written by me.

All medical attention was denied to Ricardo, even medicines. And when on last June 1st., I did dare to write a letter to Gus Telstch telling him of Magón's very serious condition in regard to his health, that letter was kept in the Warden's office and I was severely punished with the indefinite suspension of my mailing privileges. I could not write nor receive any letters during four months and a half. This was done by Warden Biddle instead of Ricardo's examination, with which he could prove that I was a felon and a liar. At the time it happened that the Warden found in my possession one of Ricardo's letters. Magón was called at the Warden's office and was threatened by the same Warden to punish him and even to cut away all his good time—seven years—if he dared to show me any of his letters, or to tell to any of his friends that he, (Ricardo) was not receiving careful attention by the prison physician.—My letter to Telstch was written as follows: "June 1st., 1922. My dear Teltsch: Your letter of May 8th. was gladly received. As I told you in my former letter of April 5th., that Ricardo was sick in the hospital, it happened that he was there during three days with the purpose of making a complete examination of his health and they found that he is enjoying a very good health. This surprised me because the facts are very different. Actually you could not recognize him, he is the shadow of that Ricardo whom you saw years ago. Besides his blindness he suffers some other sickness. Since 1916, during his last trial in Los Angeles, Ricardo was sent to the federal hospital by the judge's orders because since then he was suffering with Diabetes. After his sentence he was released on bond and during this time Magón was under the care of a specialist paid by the group "Regeneración." And when in 1918 he was sentenced to 20 and one more years in the last charge, he was very sick. The prison physician of McNeil Island made an analysis of his urine and found much sugar in it. During his imprisonment in McNeil Ricardo was under strict diet for fifteen months. Then he was transferred to Leavenworth but during his confinement in this penitentiary he has never been cured not even under any diet. Yet "he is enjoying very good health." Diabetes is hard to cure. It is considered incurable by some physicians.—"We are living under the most cruel tyranny. Things are not so bad after all. Liberty is tyranny's daughter. Who knows if in this very moment the process of this beloved phenomena is developing in tyranny's womb!"

The 21st. (Nov.) I held the following conversation in Warden's office. Warden: "Did you ever know that Magón had such disease, (heart disease) before?" Rivera: "He always complained of strong pains in his heart but could not explain the character of the disease." Warden: "I never knew that." Rivera: "He complained very often that he was very sick." My original telegram to you was written as follows: "Ricardo Flores Magón died this morning at five o'clock from heart disease according to prison physician Yoke." The Warden objected about the name Yoke. When I told him that that was the name of the disease mentioned by Yoke before him (Warden) and me. He did not allow me to mention Yoke in my telegram, as fearing to reveal certain compromise between themselves.

I am going to write to Mr. Weinberger. My love for all of you.

Librado Rivera

My dear Mr. Weinberger:

The above is a true copy of the original letter written by Rivera to me. He sent it secretly, and you will please treat the same accordingly. At his request I am sending you this copy.

Miss. Norman is at present in the County hospital, owing to her illness and financial circumstances. You may continue to address all mail to her, which I will ans. till she is able to do so. Your letters of the 5th. and 11th. inst. gladly received. We are very glad of your success in bringing Rivera's case to a quick action in the part of the officials. Hope with all our hearts you will finally succeed. I thank you very much in the name of Miss. Norman and her mother for keeping us posted in Rivera's case.

Fraternally yours,
Raúl Palma

155

33. "Carta de Lucille Norman"

Torreón, Coahuila, México
Jan. 12th., 1923

My dear Raúl:*
I can not write you much as my eyes are so bad, and my emotions overwhelm me.

Last night we arrived at Gómez Palacio, Durango, at about 8:30. As we were approaching, the whistling of the factories deafened us. Thousands of people were at the depot with red torches, the depot was decorated the same as in all previous little towns, with the emblem of the conscientious workers; the red flag. All labor element is organized here. Scores of banners representing the different trades unions were there while a patch formed of the people, several blocks long, made way for my darling father's coffin carried on by the sons of toil—shrouded in red and black.

At a local theatre the eloquence of the soul flowed from the hearts of many orators, while classical music vibrated—making the occasion a most solemn one! . . . .

Raúl: my heart is so full . . . that no words could ever express my feelings. Our Ricardo's martyrdom was not in vain—the golden dream of his life is now being transformed into vivid reality. His teachings have been embraced as a drowning man takes to a rescuing log. . . . But he did not see this, if he had, I am sure he would bless his darkest moments, to see this wonderful fruit of his work!

I am writing you from our special train, but the electric lights are now out of commission and you may imagine how hard it is for me to write by candle light. I must tell you a little more, though it is quite a sacrifice for my weakened eyes.

As a reflex of the radio of his work, and typical of the purity of the latin blood to appreciate sublimity; the highest functionaries of the government have paid tribute and openly admit that my darling father's pen was the only real factor in bringing Díaz down from tyrannical throne, and that they owe their comfortable positions to his heroism.

In Chihuahua, my surprise and joy was immense. . . . About thirty wreaths were presented at the memorial by organizations. The Governor and members of the State's Legislature came in while the revolutionary Marsellaise was being sung. The leaders of all the Unions are young, enthusiastic and with red blood coursing in their veins to carry on . . . their idealism instead of the passiveness that so lamentively moves our comrades of the "eight hour day and increase of salary!"

In Torreon, as we arrived this morning, the multitude was immense. While the thousands marched through the streets a stop was made in front of the American Consulate where a speaker denounced as pure camouflage the land of liberty."

We are leaving for Aguas Calientes to-night. Will arrive there about 12 A.M., where a greater demonstration is expected. All predict that Mexico City is a volcano ready to erupt at the view of the whitest soul sacrificed for the most unselfish ideal. "The sublime teacher" "The spirit of light," "The second Nazareth" as he is called by the numerous speakers.

This is the reaction of Soviet Russia. The road to them is straight and clear and

---

*Raúl Palma

156

they all pledge their gratitude to this awakening to the supreme devotion my father of whose details you and I know so well . . . !

Pray that I get well. I am anxious to feel normal again. So far I have had no relapse and feel stronger only my eye sight is weak and it exasperates me!

How gratifying these wonderful demonstrations which are marking "the beginning of the end" which my dear father so much predicted, would mean to you. All orators have spoken from their hearts, which is the true eloquence, but I know you are privileged with the art of oratory and your words would have a wonderful echo in the hearts of these intelligent workers where there do not seem to be any petty vanities but the desire to progress and honor the memory of my father by following his teachings, nobleness and courage. This is why I wish you were here.

I feel blue for L.A.,* that spot of nature's predilection has nothing to do with the egotism of men, that mars and deforms what must have originally meant to be equally shared by all.

Fraternally yours,

Lucille

[letter from Lucille Norman, adopted
daughter of Ricardo Flores Magón]

_____

*Los Angeles

Bibliography

Primary Sources

Archival Material

Bancroft Library, University of California, Berkeley. Silvestre Terrazas Collection.

National Archives, Washington, D.C., Department of Justice, Record Group 60.

National Archives, Washington, D.C., Department of State, Record Group 59.

Secretaría de Relaciones Exteriores, Archivo, México, D.F., Asunto: Flores Magón, etc. Colocación L-E-918-954, 36 tomos.

Sterling Library, Yale University, New Haven, Harry Weinberger Collection.

Interviews

Nicolás T. Bernal (México, D.F.), 1966.

José Muñoz Cota (México, D.F.), 1966.

Ethel Duffy Turner (Cuernavaca), 1966.

Newspapers

Acción (México, D.F.), 1923.

Appeal to Reason (Girard, Kansas), 1908.

The Border (Tucson, Arizona), 1908–1909.

El Correo Mexicano (Los Angeles, California), 1907.

La Crónica (Laredo, Tejas), 1909–1911.

El Defensor del Pueblo (Tucson, Arizona), 1908.

El Demócrata Fronterizo (Laredo, Tejas), 1904–1913.

Diario del Hogar (México, D.F.), 1890–1913.

Diario del Hogar (México, D.F.), 1890–1913.

La Estrella (San Antonio, Tejas), 1909.

El Hijo del Ahuizote (México, D.F.), 1890–1903.

El Liberal (Del Rio, Tejas), 1908.

La Libertad (San Diego, Tejas), 1907.

Los Angeles Examiner (Los Angeles, California), 1907–1912.

Los Angeles Times (Los Angeles, California), 1907–1912.

La Prensa (San Antonio, Tejas), 1913–1923.

Punto Rojo (Del Rio, Tejas), 1909.

Reforma, Libertad y Justicia (Austin, Tejas), 1908.

La Reforma Social (El Paso, Tejas), 1907.

Regeneración (México, D.F.–Los Angeles, California), 1900–1918.

Revolución (Los Angeles, California), 1907.

La Unión Industrial (Phoenix, Arizona), 1911.

Published Documents

Fabela, Isidro, ed., *Documentos históricos de la revolución mexicana,* 10 vols., México, D.F.: Vols. I–V, Fondo de Cultura Económica, 1960–1964; Vols. VI–X, Editorial Jus, 1965–1966.

González Ramírez, Manuel, ed., *Epistolario y textos de Ricardo Flores Magón,* México, D.F.: Fondo de Cultura Económica, 1964.

González Ramírez, Manuel, ed., *Fuentes para la historia de la revolución mexicana,* 5 vols., [Vol. I, *Planes políticos y otros documentos;* Vol. II, *La caricatura política;* Vol. III, *La huelga de Cananea;* Vol. IV, *Manifestos políticos (1892–1912)*], México, D.F.: Fondo de Cultura Económica, 1954–1957.

U.S. House of Representatives, *Hearings on House Joint Resolution 201 Providing for a Joint Committee to Investigate Alleged Persecutions of Mexican Citizens by the Government of México.* Hearings held before the Committee on Rules, U.S. House of Representatives, June 8–14, 1910, Washington, D.C.: Government Printing Office, 1910.

U.S. Senate, *Investigation of Mexican Affairs, Report and Hearing pursuant to Senate Resolution 106.* Hearings held before Sub-committee on Foreign Relations, U.S. Senate, 66th Congress, 1st Session, Senate Document No. 285, 2 volumes (Serial Nos. 7665 and 7666), Washington, D.C.: Government Printing Office, 1920.

U.S. Supreme Court, *In the Matter of the Application of R. Flores Magón, Antonio I. Villareal and Librado Rivera, for a Writ of Habeas Corpus.* Transcript of Record on Appeal from the Circuit Court of the United States of America, of the Ninth Judicial Circuit, in and for the Southern District of California, Southern Division, 1908.

U.S. Department of State, *Papers Relating to the Foreign Relations of the United States,* Washington, D.C.: U.S. Government Printing Office, various publication dates.

Published Writings

Anonymous, "Letter from the Mexican Revolutionists Defense Committee," *The Miners' Magazine,* Vol. 9 (February 6, 1908), pg. 12.

Bartra, A., ed., *Regeneración—Prologo, recopilación y notas,* México, D.F.: Editorial Hadise, 1972.

Berkman, Alexander, *What Is Communist Anarchism* [a new edition of *Now and After: The ABC of Communist Anarchism,* 1929], New York: Dover, 1972.

Blas Lara, C. [Edmundo?] [Pseudonym for Mariano Gómez Gutiérrez], *La vida que yo viví, novela histórica liberal de la Revolución mexicana,* n.p., 1954.

Chaplin, Ralph, *Wobbly,* Chicago: n.p., 1948.

Debs, Eugene, "The Crisis in México," *International Socialist Review,* Vol. 12 (July, 1911), pp. 22–24.

Debs, Eugene V., "This Plot Must Be Foiled. Conspiracy to Murder Mexican Comrades Now Imprisoned in This Country by Order of Díaz," *Appeal to Reason,* October 10, 1908 [also pamphlet].

Dolson, Ethel, "Mexican Revolutionists in the United States," *The Miners' Magazine,* Vol. 9 (June 11, 1908), pp. 6–10.

Flores Magón, Enrique, "Añoranzas," *El Nacional* (February 3, 1945–April 30, 1945).

Flores Magón, Enrique, "Apuntes históricos para mis memorias," *Todo* (April 2, May 28, June 18, July 16, August 13, 20 and November 26, 1953).

Flores Magón, Enrique, "La vida de los Flores Magón," *Todo* (January 2–June 19, 1934).

Flores Magón, Enrique, "Los genuinos precursores," *Todo,* November 22, 1945.

Flores Magón, Enrique, "Notas breves de un viejo revolucionario en defensa del Partido Liberal Mexicano, iniciador de la Revolución Social Mexicana," *Gráfico,* January 11–24, 1931.

Flores Magón, Enrique, "Vida y hechos de los hermanos Flores Magón," *El Nacional,* January 7–April 22, 1945.

Flores Magón, Jesús, "El amparo de Juan Sarabia," *El Tiempo,* May 27, 1911.

Flores Magón, Jesús, "Qué fue y cómo se desarrolló la Revolución que encabezó Flores Magón," *Gráfico,* November 22, 1930.

Flores Magón, Ricardo, *Antología,* ed. by Gonzalo Aguirre Beltrán, México, D.F.: Universidad Nacional Autónoma de México, 1970.

Flores Magón, Ricardo, *Abriendo Surco,* México, D.F.: Grupo Cultural "Ricardo Flores Magón," 1924.

Flores Magón, Ricardo, *Epistolario revolucionario e íntimo,* 3 vols., México, D.F.: Grupo Cultural "Ricardo Flores Magón," 1925.

Flores Magón, Ricardo, *La Revolución Mexicana,* ed. by Adolfo Sánchez Robelledo, México, D.F.: Editorial Grijalbo, 1970.

Flores Magón, Ricardo, *Sembrando ideas,* México, D.F.: Grupo Cultural "Ricardo Flores Magón," 1923.

Flores Magón, Ricardo, *Semilla libertaria,* 2 vols., México, D.F.: Grupo Cultural "Ricardo Flores Magón," 1923.

Flores Magón, Ricardo, *Tierra y libertad, drama revolucionario en cuatro actos,* México, D.F.: Grupo Cultural "Ricardo Flores Magón," 1924.

Flores Magón, Ricardo, *Tribuna roja,* México, D.F.: Grupo Cultural "Ricardo Flores Magón," 1925.

Flores Magón, Ricardo, *Verdugos y víctimas, drama revolucionario en cuatro actos,* México, D.F.: Grupo Cultural "Ricardo Flores Magón," 1924.

Flores Magón, Ricardo, *Vida Nueva,* México, D.F.: Grupo Cultural "Ricardo Flores Magón," 1924.

Flores Magón, Ricardo and Jesús Flores Magón, *Batalla a la dictadura: Textos políticos,* México, D.F.: Empresas Editoriales, 1948.

Gartz, Kate Crane, *The Parlor Provocateur,* or *From Salon to Soapbox,* Pasadena, California, Mary Craig Sinclair, 1923.

Goldman, Emma, *Anarchism and Other Essays,* New York: Dover, 1969.

Gompers, Samuel, *Seventy Years of Life and Labor,* 2 vols., New York: E.P. Sutton and Company, 1925.

Guerrero, Praxedis, *Praxedis Guerrero: Artículos literarios y de combate,* México, D.F.: Grupo Cultural "Ricardo Flores Magón," 1924.

Kaplan, Samuel, *Peleamos contra la injusticia: Enrique Flores Magón, precursor de la Revolución, cuenta su historia a Samuel Kaplan,* 2 vols., México, D.F.: Libro-Mex., 1960.

Leyva, José María, *Aportaciones a la historia de la Revolución,* México, D.F.: n.p., 1938.

Murray, John, "The Men Díaz Dreads—Mexico's Revolutionists and Their Third Uprising," *The Border,* January, 1909.

Murray, John, "Mexico's Peon-Slaves Preparing for Revolution," *The International Socialist Review,* Vol. 9 (March, 1909), pp. 641–659.

Padua, Cándido Donato, *Movimiento revolucionario 1906 en Veracruz,* Tlalpán, D.F.: n.p., 1941.

Rivera, Librado, "La mano férrea de la dictadura y el Congreso Liberal de San Luís," *Gráfico,* December 12–14, 1930.

Sarabia, Manuel, "How I Was Kidnapped," *The Border,* December, 1908.

Tovar y Bueno, W., "Los precursores de la Revolución," *La Prensa* (San Antonio, Tejas), September 19–October 21, 1932.

Turner, John Kenneth, "The Mexican Revolution," *Pacific Monthly,* Vol. 25 (June, 1911), pp. 609–25.

Trowbridge, Elizabeth D., "Political Prisoners Held in the United States" [pamphlet], Tucson, Arizona: The Border Publishing Company, 1909.

Vega, Santiago R. de la, "Los precursores de la Revolución," *El Universal,* November 20, 1932.

Weinberger, Harry, "Two Political Prisoners at Leavenworth," *The New Republic,* Vol. 31 (July 5, 1922).

Secondary Sources

Bibliographies

Brown, Lyle C., "A Magonista Bibliography," mimeograph, courtesy of the author.

Cosio Villegas, Daniel, "Nueva Historiografía del México Moderno," *Memoria de El Colegio Nacional,* Vol. 5, No. 4, pp. 11–176.

Maciel, R. David, "Introducción bibliográfica a la historia intelectual de México," *Aztlán,* Vol. 3, No. 1, (Spring 1972).

Ramos, Roberto, *Bibliografía de la Revolución Mexicana,* 3 vols., México, D.F.: Biblioteca del Instituto Nacional de Estudios Históricos de la Revolución Mexicana, 1959–1960.

Ross, Stanley R., et al., *Fuentes de la historia contemporánea de México: Periódicos y revistas,* 2 vols., México, D.F.: Colegio de México, 1965–1967.

Articles

Anonymous, "Gloriosa defensa de Baja California," *El Imparcial* (Tijuana), June 22, 1952.

Blanquel, Eduardo, "El anarco-magonismo," *Historia Mexicana,* Vol. 13, No.3, (January–March, 1964), pp. 394–427.

Blanquel, Eduardo, "El pensamiento político de Ricardos Flores Magón, precursor de la Revolución Mexicana," *Anuario de Historia,* Vol. 3, (1963).

Brown, Lyle C., "Los liberales mexicanos y su lucha en contra de la dictadura de Porfirio Díaz, 1900–1906," *Antología MCC,* México, D.F.: Mexico City College Press, 1956.

Cadenhead, Ivie E., "The American Socialists and the Mexican Revolution of 1910," *Southwestern Social Science Quarterly,* Vol. 43 (September, 1962), pp. 103–117.

Cohen, Stanley, "A Study in Nativism: The American Red Scare of 1919–1920," *Political Science Quarterly,* Vol. 19 (March, 1964).

Cumberland, Charles C., "Mexican Revolutionary Movements from Texas, 1906–1912," *Southwestern Historical Quarterly,* Vol. 52 (January, 1949), pp. 301–324.

Cumberland, Charles C., "Precursors of the Mexican Revolution of 1910," *Hispanic American Historical Review,* Vol. 23 (May, 1942), pp. 344–356.

Díaz Soto y Gama, Antonio, "Ricardo y Enrique Flores Magón," *El Universal,* November 10, 1954.

Escovedo Acevedo, Antonio, "Periódicos Socialistas de México, 1871–1880," *El Libro y el Pueblo,* Vol. 13, No. 1 (January–February, 1935), pp. 3–14.

Ferrer Mediolea, Gabriel, "Precursores de la Revolución: la rebeldía liberal," *El Nacional,* January 1, 10, 16 and 25, 1951.

Gerhard, Peter, "The Socialist Invasion of Baja California, 1911," *Pacific Historical Review,* Vol. 15 (September, 1946), pp. 295–304.

Gill, Mario, "Turner, Flores Magón y los filibusteros," *Historia Mexicana,* Vol. 5, No. 4 (April–June, 1956), pp. 642–663.

Gómez-Quiñones, Juan, "The First Steps: Chicano Labor Conflict and Organizing, 1900–1920, *Aztlán,* Vol. 3, No. 1 (Spring 1972).

González Navarro, Moisés, "La ideología de la Revolución Mexicana," *Historia Mexicana,* Vol. 10, No. 4 (April–June, 1961), pp. 628–636.

Hernández Luna, Juan, "Los precursores intelectuales de la Revolución Mexicana," *Filosofía y Letras,* No. 57–59.

Kyne, Peter B., "The Gringo as Insurecto," *Sunset Magazine,* Vol. 27 (September, 1911), pp. 257–267.

Martínez Nuñez, Eugenio, "Precursores de la Revolución: Antonio Díaz Soto y Gama," *Boletín Bibliográfico de la Secretaría de Hacienda y Crédito Público,* November 20, 1964.

Monjaras, Victor A., "Librado Rivera," *El Nacional,* March 11, 1932.

Morales Jiménez, Alberto, "Hombres de México: Jesús M. Rangel," *El Nacional,* November 24, 1941.

Rosenzweig, Fernando, "El desarrollo económico de México de 1877 a 1911," *El Trimestre Económico,* Vol. 32, No. 127 (July–September, 1965), pp. 405–454.

Simison, Barbara V., "The Harry Weinberger Memorial Collection," *Yale University Library Gazette,* Vol. 19 (January, 1945), pp. 50–52.

Valadés, José C., "El hombre que desrumbó un régimen: Ricardo Flores Magón," *Todo,* March 5–August 6, 1942.

Valadés, José C., "Los precursores de D. Francisco I. Madero," *La Opinión* (Los Angeles), December 13, 1929–January 24, 1930.

Books and Pamphlets

Aguirre, Manuel J., *Cananea: Garras del imperialismo en las entrañas de México,* México, D.F.: Libro-Mex, 1958.

Aldrete, Enrique, *Baja California heróica,* México, D.F.: Frumentum, 1958.

Alperovich, M.S., and Rudenko, B.T., *La revolución mexicana de 1910–1917 y la política de los Estados Unidos,* México, D.F.: Editorial Popular, 1960.

Amezcua, Genaro, *¿Quien es Flores Magón y cuál su obra?* México, D.F.: Editorial Avance, 1943.

Anaya Ibarra, Pedro María, *Precursores de la Revolución Mexicana,* México, D.F.: Secretaría de Educación Pública, 1955.

Apter, Daniel E., and James Joll, eds., *Anarchism Today,* New York: Doubleday, 1972.

Barreiro Tablada, E., *Praxedis Guerrero,* Departamento de Bibliotecas, 1935.

Barrera Fuentes, Florencio, *Historia de la Revolución Mexicana, la etapa precursora,* México, D.F.: Biblioteca del Instituto de Estudios Históricos de la Revolución Mexicana, 1955.

Blaisdell, Lowell L., *The Desert Revolution: Baja California, 1911,* Madison: University of Wisconsin Press, 1962.

Brissenden, Paul F., *The I.W.W., A Study of American Syndicalism,* New York: Russell and Russell, 1957.

Bustamente, Luis F., *El anarquismo científico,* México, D.F.: n.p., 1916.

Carrillo, Rafael, *Ricardo Flores Magón, Presidente de la Junta Organizadora del Partido Liberal Mexicano, esbozo biográfico,* México, D.F.: n.p., 1955.

Cerda Silva, Roberto de la, *El movimiento obrero en México,* México, D.F.: Instituto de Investigaciones Sociales, UNAM, 1961.

Chávez Orozco, Luis, *La prehistoria del socialismo en México,* México, D.F.: Secretaría de Educación Pública, 1936.

Cockcroft, James D., *Intellectual Precursors of the Mexican Revolution, 1900–1913,* Austin: University of Texas Press, 1968.

Cole, G.D.H., *Socialist Thought: Marxism and Anarchism, 1850–1890,* London: Macmillan and Company, 1957.

Cosio Villegas, Daniel, ed., *Historia moderna de México,* 9 vols., México, D.F.: Editorial Hermes, 1948–1970.

Cué Cánovas, Agustín, *Ricardo Flores Magón, la Baja California, y los Estados Unidos,* México, D.F.: Libro-Mex Editores, 1957.

Cumberland, Charles C., *Mexican Revolution: Genesis Under Madero,* Austin: University of Texas Press, 1952.

Cumberland, Charles C., *The Mexican Revolution: The Constitutionalist Years,* Austin and London: University of Texas Press, 1972.

Díaz Ramírez, Manuel, *Apuntes históricos del movimiento obrero y campesino de México, 1844–1880,* México, D.F.: Fondo de Cultura Popular, 1938.

Dick, William H., *Labor and Socialism in America: The Gompers Era,* Port Washington, New York: Kennikat Press, 1972.

Dubofsky, Melvyn, *We Shall Be All: A History of the Industrial Workers of the World,* Chicago: Quadrangle, 1969.

Drinnon, Ricard, *Rebel in Paradise, A Biography of Emma Goldman,* Chicago: University of Chicago Press, 1961.

Escobedo, José G., and Rosendo Salazar, *Las pugnas de la gleba, 1907–1922,* 2 vols., *de quienes promovieron la agremiación obrera y campesino de México—ya extintos—y actuaron en los últimos cincuenta años,* México, D.F.: n.p., 1951.

Escobedo, José G., and Rosendo Salazar, *Las pugnas de la gleba, 1907–1922,* 2 vols., 1922.

Foner, Philip S., *The Case of Joe Hill,* New York: International Publishers, 1965.

Friedrich, Paul, *Agrarian Revolt in a Mexican Village,* New Jersey: Prentice-Hall, 1970.

Ginger, Ray, *Eugene V. Debs: A Biography,* New York: Collier Books, 1962.

González Monroy, Jesús, *Ricardo Flores Magón y su actitud en la Baja California,* Editorial Academia Literaria, 1962.

González Ramírez, Manuel, *La Revolución Social de México,* 3 vols., México, D.F., Fondo de Cultura Económica, 1960.

Gutiérrez de Lara, Lázaro, *The Mexican People—Their Struggle for Freedom,* New York: Doubleday, Page and Company, 1917.

Gutiérrez de Lara, Lázaro, *El pueblo mexicano y sus luchas por la libertad,* Los Angeles, California: Citizen Print Shop, n.d.

Hernández, Teodoro, *La historia de la Revolución debe hacerse,* México, D.F.: n.p., 1950.

Hernández, Teodoro, *Las tinajas de Ulua,* México, D.F.: Editorial "Hermida," 1943.

Hernández Teodoro, *Los precursores de la Revolución,* México, D.F.: n.p., 1940.

Jaffe, Julian, *Crusade Against Radicalism: New York During the Red Scare, 1914–1924,* Port Washington, N.Y.: Kennikat Press, 1972.

Joll, James, *The Anarchists,* Boston: Little, Brown, 1965.

Kipnis, Ira, *The American Socialist Movement, 1897–1912,* New York: Columbia University Press, 1952.

Kornbluh, Joyce L., *Rebel Voices: An I.W.W. Anthology,* Ann Arbor: University of Michigan Press, 1969.

List Arzubide, Armando, *Apuntes sobre la prehistoria de la Revolución,* México, D.F.: n.p., 1958.

———————, *Ricardo Flores Magón* [pamphlet], México, D.F.: Secretaría de Educación Pública, 1938.

Lozano, Fortunato, *Antonio I. Villareal: vida de un gran mexicano,* Monterrey, Nuevo León: Impresora Monterrey, 1959.

Magdaleno, Mauricio, *Ricardo Flores Magón, el gran calumniado* [pamphlet], México, D.F.: Ediciones de la Chinaca, 1964.

Martínez, Pablo L., *El Magonismo en Baja California,* México, D.F.: Editorial "Baja California," 1958.

Martínez, Pablo L., *Sobre el libro "Baja California heróica" (contra la defensa de una falsedad histórica),* México, D.F.: n.p., 1960.

Martínez Nuñez, Eugenio, *Juan Sarabia, apóstol y mártir de la Revolución Mexicana,* México, D.F.: Biblioteca del Instituto Nacional de Estudios Históricos de la Revolución Mexicana, 1965.

Martínez Nuñez, Eugenio, *La vida heróica de Praxedis G. Guerrero (apuntes históricos del movimiento social mexicano desde 1900 hasta 1910),* México, D.F.: Biblioteca del Instituto Nacional de Estudios Históricos de la Revolución Mexicana, 1960.

Marx, Karl, Frederick Engels and Vladimir Lenin, *Anarchism and Anarcho-Syndicalism,* New York: International Publishers, 1972.

Medina Amore, Guillermo, *No fué filibusterismo la revolución magonista en la Baja California,* Mexicali, Baja California: n.p., 1956.

Melo de Remes, María Luisa, *¡Alerta Baja California!,* México, D.F.: Editorial Jus, 1964.

Muñoz Cota, José, *Ricardo Flores Magón, corridos,* México, D.F.: Editorial Costilla, 1962.

Muñoz Cota, José, *Ricardo Flores Magón, el sueño de una palabra,* México, D.F.: Editorial Doctrimex, 1966.

Muñoz Cota, José, *Ricardo Flores Magón, un sol clavado en la sombra,* México, D.F.: Editores Mexicanos Unidos, 1963.

Murray, Robert K., *The Red Scare: A Study in National Hysteria, 1919–1920,* Minneapolis: University of Minnesota Press, 1955.

Ojeda, Abelardo and Carlos Mallen, *Ricardo Flores Magón: Su vida y su obra frente al origen y las proyecciones de la Revolución Mexicana,* México, D.F.: Secretaría de Educación Pública, 1967.

Pérez Salazar, Alicia, *Discurso a Ricardo Flores Magón* [pamphlet], México, D.F.: Tribuna de México, November 22, 1963.

Pérez Salazar, Alicia, *Librado Rivera: un soñador en llamas* [pamphlet], México, D.F.: Edición de los Amigos, 1964.

Ramos Pedrueza, Rafael, *La lucha de clases a través de la historia de México, revolución democrático burguesa,* 2 vols., México, D.F.: Talleres Gráficos de la Nación, 1941.

Renshaw, Patrick, *The Wobblies,* New York: Doubleday, 1967.

Reyes Heroles, Jesús, *El liberalismo mexicano,* 3 vols., México, D.F.: Facultad de Derecho, UNAM, 1957–1961.

Ross, Stanley R., *Francisco I. Madero. Apostle of Mexican Democracy,* New York: Columbia University Press, 1955.

Rudenko, B.T., *México en vísperas de la Revolución democrática-burguesa de 1910–1917,* México, D.F.: Ediciones Arguial, 1958.

Salazar, Rosendo, *La Casa del Obrero Mundial,* México, D.F.: Costa-Amic, 1962.

Salazar, Rosendo, *Ricardo Flores Magón (El Adalid),* México, D.F.: Costa-Amic, 1963.

Santillán, Diego Abad de, *Ricardo Flores Magón, el apóstol de la Revolución Social Mexicana,* México, D.F.: Grupo Cultural "Ricardo Flores Magón," 1925.

Silva Herzog, Jesús, *Breve historia de la Revolución Mexicana,* 2 vols., México, D.F.: Fondo de Cultura Económica, 1960.

Silva Herzog, Jesús, *Trayectoría ideológica de la Revolución Mexicana, 1910–1917,* México, D.F.: Cuadernos Americanos, 1963.

Smith, Gibbs M., *Labor Martyr Joe Hill,* New York: The University Library, Gossett and Dunlap, 1969.

Trowbridge, Elizabeth D., *Mexico Today and Tomorrow,* New York: Macmillan, 1919.

Turner, Ethel Duffy, *Ricardo Flores Magón y el Partido Liberal Mexicano,* Morelia, Michoacán: Editorial "Erandi," 1960.

Turner, John Kenneth, *Barbarous México,* Chicago: Charles H. Kerr and Company, 1910.

Velasco Ceballos, Rómulo, *¿Se apoderará Estados Unidos de América de Baja California? (la invasión filibustera de 1911),* México, D.F.: Imprenta Nacional, 1920.

Woodcock, George, *Anarchism: A History of Libertarian Ideas and Movements,* Cleveland and New York: The World Publishing Company, 1962.

Zea, Leopoldo, *Del liberalismo a la Revolución en la educación mexicana,* México, D.F.: Biblioteca del Instituto Nacional de Estudios Históricos de la Revolución Mexicana, 1956.

Theses and Unpublished Papers

Albro, Ward III, "Ricardo Flores Magón and the Liberal Party: An Inquiry into the Origins of the Mexican Revolution of 1910," Ph.D. dissertation, University of Arizona, 1967.

Aguirre, Norberto, "Ricardo Flores Magón, síntesis biográfico," (mimeo report prepared for the Senate of México), México, D.F., December 14, 1963.

Blanquel, Eduardo, "El pensamiento político de Ricardo Flores Magón, precursor de la Revolución Mexicana," tesis, Facultad de Filosofía y Letras, UNAM, 1963.

Carbó, Dernacuelita, Margarita, "El magonismo en la Revolución Mexicana," tesis, Licenciatura en Historia, UNAM, 1964.

Cox, Glen, "Ricardo Flores Magón and the Impractical Revolution," UCLA Spring, 1971.

Gómez-Quiñones, Juan, "Social Change, Intellectual Discontent and the Growth of Mexican Nationalism, 1890–1911," Ph.D. dissertation, History, University of California, Los Angeles, 1972.

Hart, John, "Anarchist Thought in Nineteenth-Century Mexico," Ph.D. dissertation, University of California, Los Angeles, 1971.

Hollander, Fred, "Ricardo Flores Magón and the Formation of Popular Mexican Nationalism," UCLA Winter, 1967.

Jenkins, Myra Ellen, "Ricardo Flores Magón and the Mexican Liberal Party," Ph.D. dissertation, University of New México, 1953.

Muñoz Rosas, Jerónimo, "La ideología de Ricardo Flores Magón," tesis, Licenciatura Facultad de Filosofía y Letras, UNAM, México, D.F., 1965.

Myers, Ellen Howell, "The Mexican Liberal Party, 1903–1910," Ph.D. dissertation, University of Virginia, 1971.

Rodríguez, José A., "The Unionization Activities of Ricardo Flores Magón," UCLA, Winter, 1971.

Wilson McEven, William, "A Survey of the Mexicans in Los Angeles," M.A. thesis, University of Southern California, 1914.

Aztlán
Publications

Aztlán Publications, and other Chicano publishing outlets, were created to provide responsible and reliable sources for materials on Chicanos. Since its inception, Aztlán Publications has been filling a much needed service by providing diverse quality materials through its various publications. These books are a valuable research and bibliographical resource for teachers at all educational levels and an authoritative and credible information source for the general public. All editorial responsibility rests with the editorial board, which is comprised of concerned scholars in various disciplines who are indigenous to the Chicano community.

Aztlán-Chicano Journal
of the Social Sciences and the Arts

Aztlán is a forum for scholarly writings on all aspects of the Chicano community. It is the first journal sponsored by a university or college in the United States that focuses critical discussion and analysis on Chicano matters as they relate to the group and to the total U.S. society. The works presented offer original research and analysis in the social sciences, humanities and the arts, related to Chicanos. ($3.00 per copy)

Monograph Series Editors:

Andrés Cháves
Reynaldo Flores Macías

Technical Editor:

Vicente Aceves Madrid

The Monograph Series is intended for longer than journal length articles or studies that cover some aspect of the Chicano experience. The series presents scholarly, original and innovative works that are selected by the Editorial Board both for their quality and their relevance to the Chicano community. Its broad range covers topics in the social sciences, the humanities, the life sciences and the physical sciences.

No. 1—*Mexican American Challenge to a Sacred Cow* by Deluvina Hernández is a critical review and analysis of two major university research studies that attempt to causally relate Chicano "values" with low academic achievement in the public schools. This work is one of the first projects to seriously question the concept of "cultural deprivation" among Chicanos. ($2.00 per copy)

No. 2—*Antología del Saber Popular* es una collección de folklore Mexicano y Chicano. La obra incluye cantares, proverbios, adivinanzas, cuentos, leyendas, fábulas, tradiciones, mitos y otras formas de expresión del pueblo Chicano. "Este conjunto pasa a formar el alma de un pueblo y va a rebasar barreras políticas y obstáculos geográficos, para encontrarse hoy en día como una expresión del saber popular al norte de México." (de la nota por Roberto Sifuentes) ($2.50 per copy)

No. 3—*A Study of Unincorporated East Los Angeles* is a report of a study undertaken by the Chicano Studies Center at UCLA. Its purpose is to provide data which can aid in the determination of the feasibility and/or desirability of incorporating East Los Angeles. Each section is introduced by a note on its scope and limitations. Areas included in the report are: a history of the incorporation attempts of 1961 and 1963; procedural and legal steps for incorporation; housing; population; land use; tax structure; special districts and governmental agencies affecting the area; and an annotated bibliography.

Creative Series

La literatura y el arte de un pueblo refleja su corazón, su alma. Para presentar el corazón Chicano la Editorial Aztlán inicia una serie creativa. Esta serie presenta las obras de artistas Chicanos y Chicanas de importancia y influencia en el movimiento Chicano y en el renacimiento cultural Chicano.

No. 1—*floricanto en aztlán* is a collection of Alurista's earliest one hundred poems (1968-1969). Alurista has had a major impact on the Chicano movement through his poetry, symbology and views. His influence demands attention. His symbols del barrio, del chuco, de la Chicana, de la madre, and his interpretations of Aztec and Mexican symbols, are a call to action. His poetry is exuberant, nostalgic, angry, loving. "In his art is said what all our poets are saying: reverence, unity, thought, action." (from the preface by Juan Gómez-Quiñones). *floricanto en aztlán* is filled with an excitement and vitality that is testimony to the altering dynamism of the Chicano movement. The book is beautifully illustrated with sixteen original linoleum cuts prepared by Judith Elena Hernández. ($8.50 cloth and $4.95 paper)

No. 2—*The Gypsy Wagon—Un Sancocho de Cuentos Sobre la Experiencia Chicana,* compiled and edited by Armando Rafael Rodríguez, is an anthology of Chicano short stories. The writers lucidly and vividly portray the experiences of the barrio and the life of the Chicano as reflected by the variety of situations, places and thoughts, in which he has found and presently finds himself. The stories range in style and content and are valuable insights to the Chicano existence.

FURIA Y MUERTE: LOS BANDIDOS CHICANOS

Edited by Pedro Castillo and Alberto Camarillo

"As Chicano historians write the history of their
people, the image of the Mexican 'bandit' must be
re-examined. Therefore, a new perspective on Chicano
outlawry is needed — the Chicano social bandit."
(from the Introduction).
The editors of this monograph re-examine the
historical roles of five "Mexican Bandits," and provide
a new and insightful perspective on these figures as
Chicano social bandits. The figures presented are:
Tiburcio Vásquez, Joaquín Murieta, Elfego Baca,
Juan Cortina and Gregorio Cortez.
($6.95 cloth and $3.25 paper)

Monograph No. 4 — Aztlán Publications